This book was a gift from:

LET ME KNOW MORE !!

My birthday is:

_____

_____

My Biggest secret is :

_____

_____

My BFF is:

_____

_____

My age is:

_____

_____

My signature :

FIRST, INTRODUCE YOURSELF TO ME !!

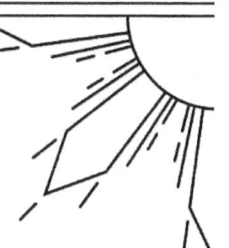

My real name is:

_____

_____

The name i wish i had:

_____

_____

My parents call me:

_____

_____

My friends call me:

_____

_____

Languages i know:

_____

_____

_____

My sweet selfie

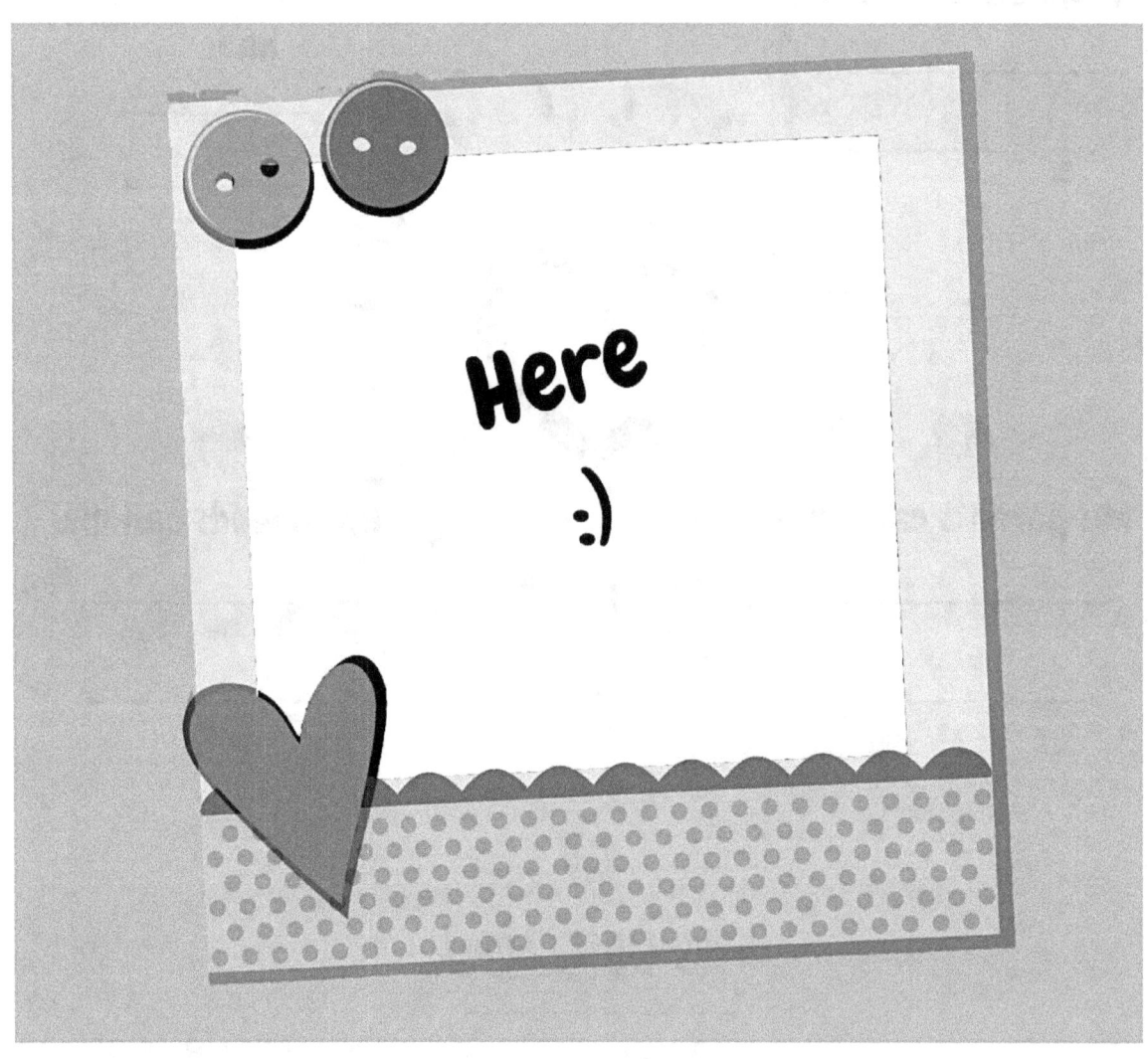

Here

:)

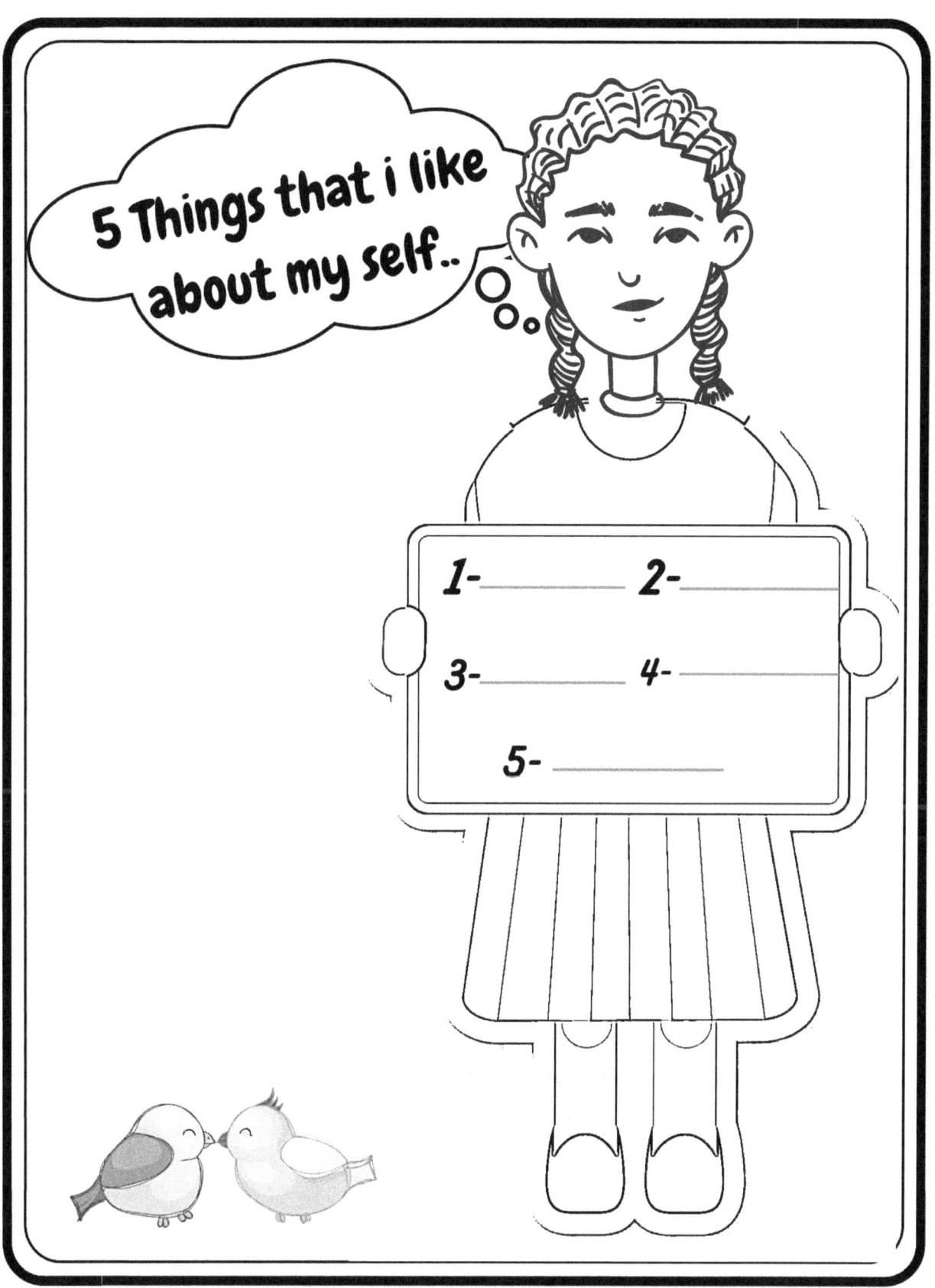

(I leave a page blank because sometimes when I colour I
press a little too hard)

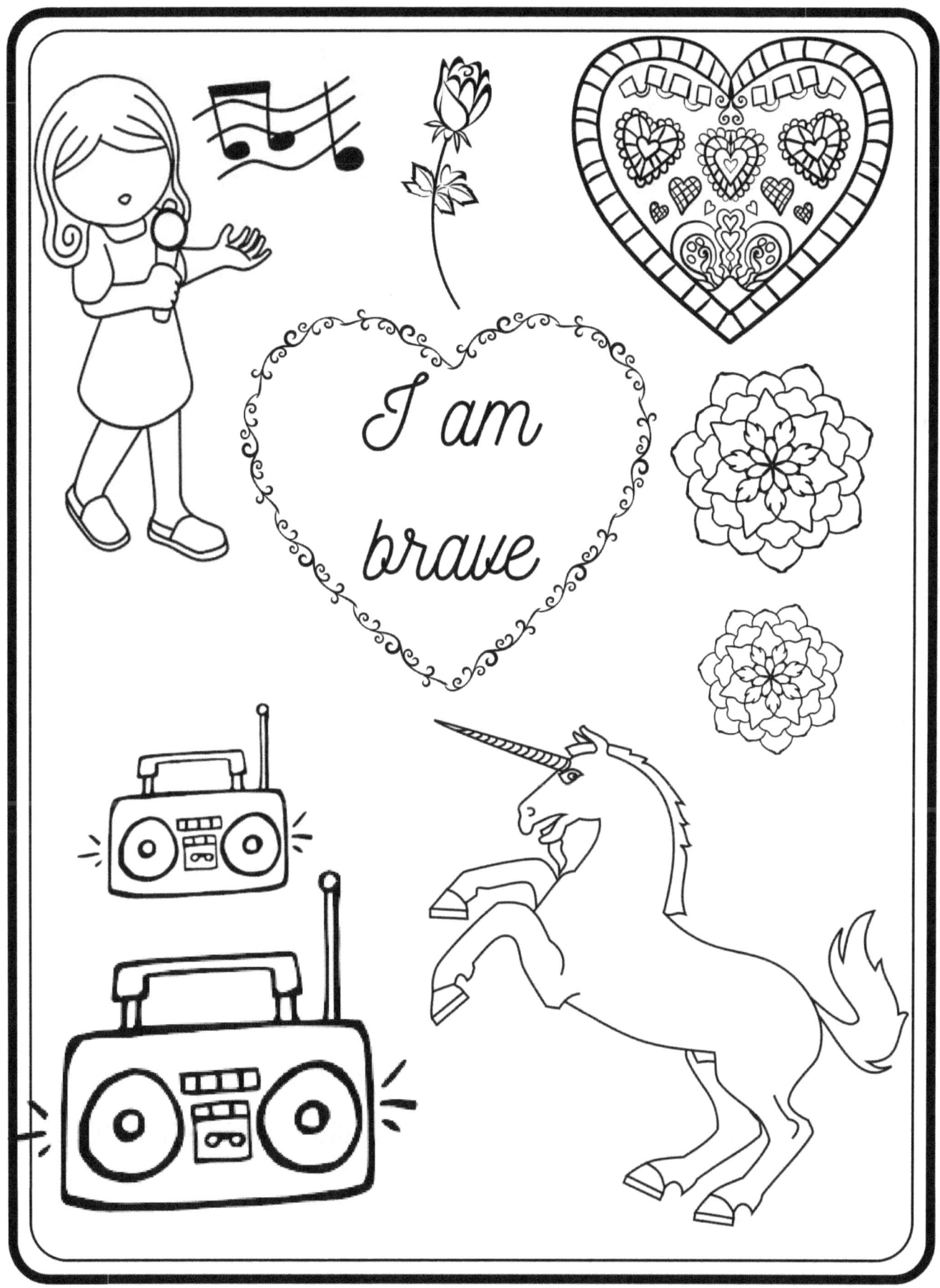

(I leave a page blank because sometimes when I colour I
press a little too hard)

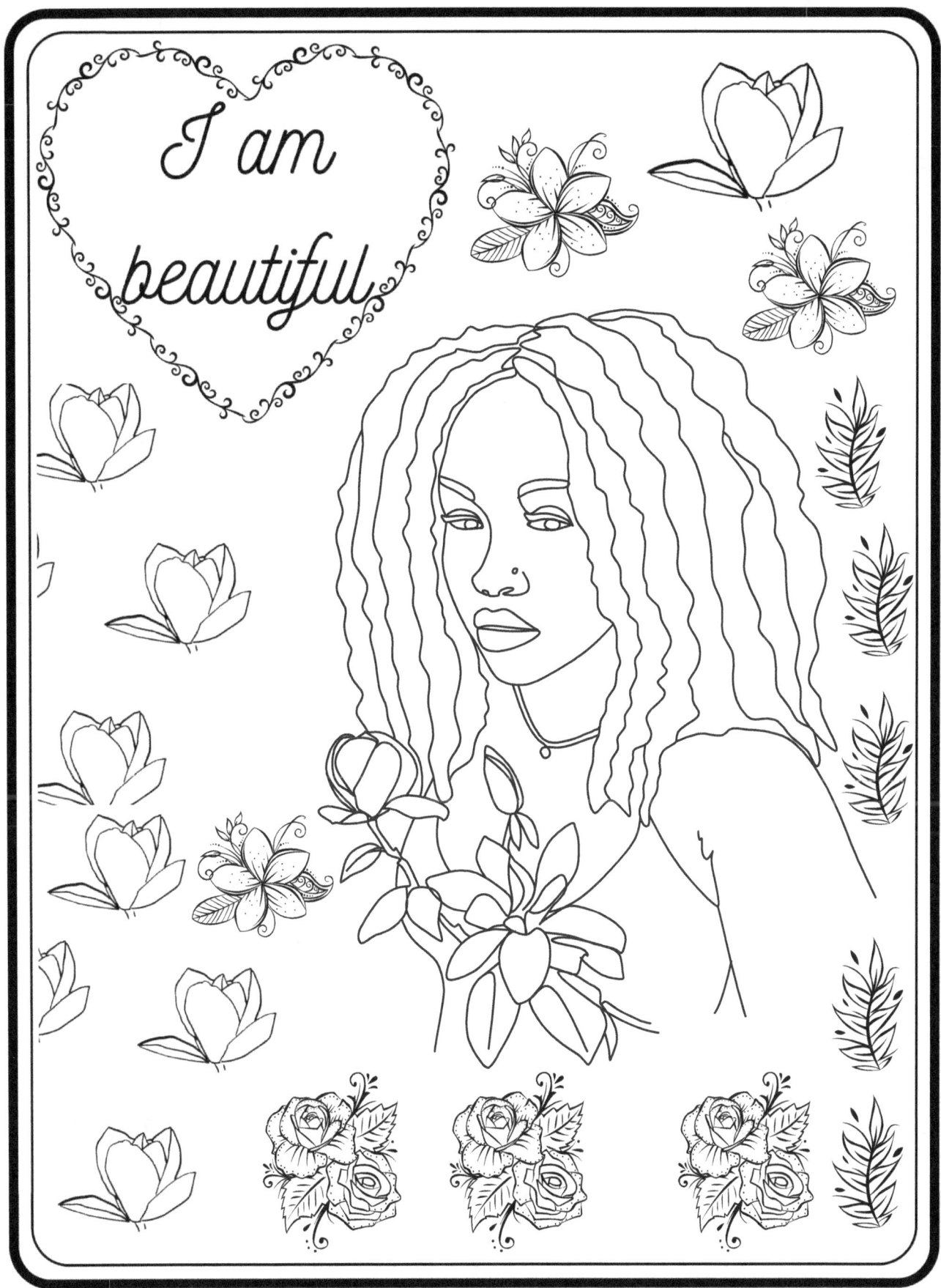

(I leave a page blank because sometimes when I colour I press a little too hard)

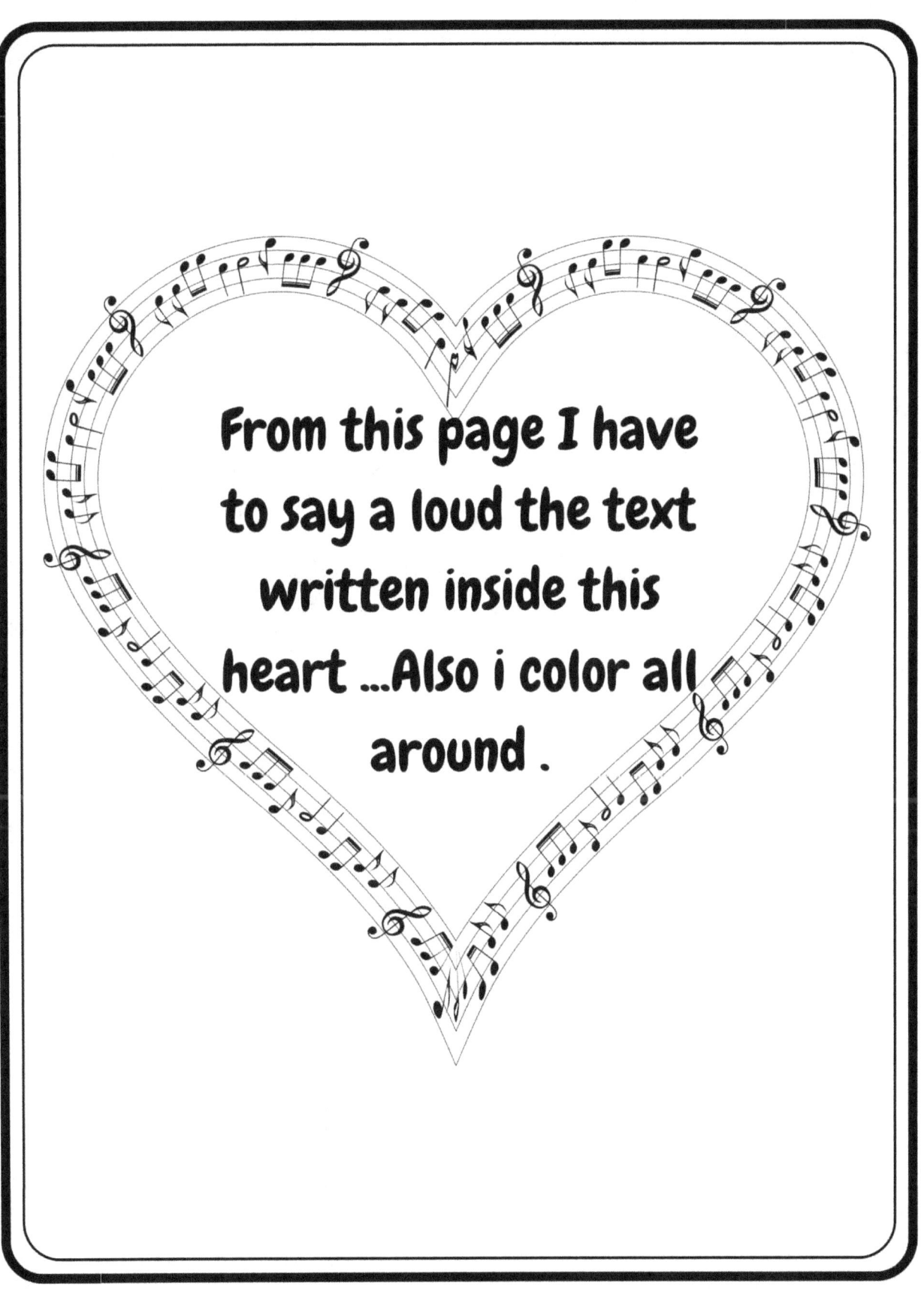

From this page I have to say a loud the text written inside this heart ...Also i color all around .

(I leave a page blank because sometimes when I colour I
press a little too hard)

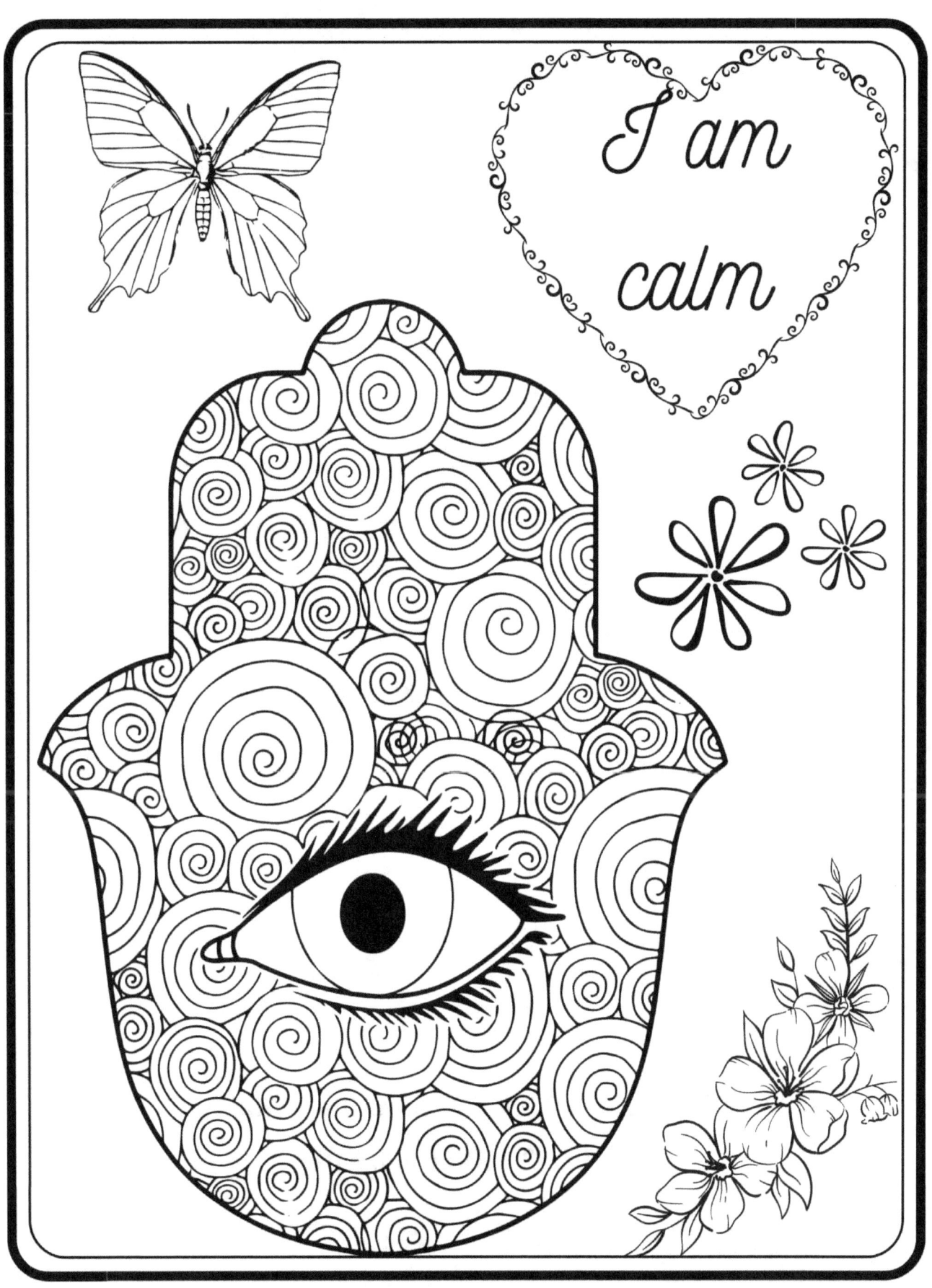

(I leave a page blank because sometimes when I colour I press a little too hard)

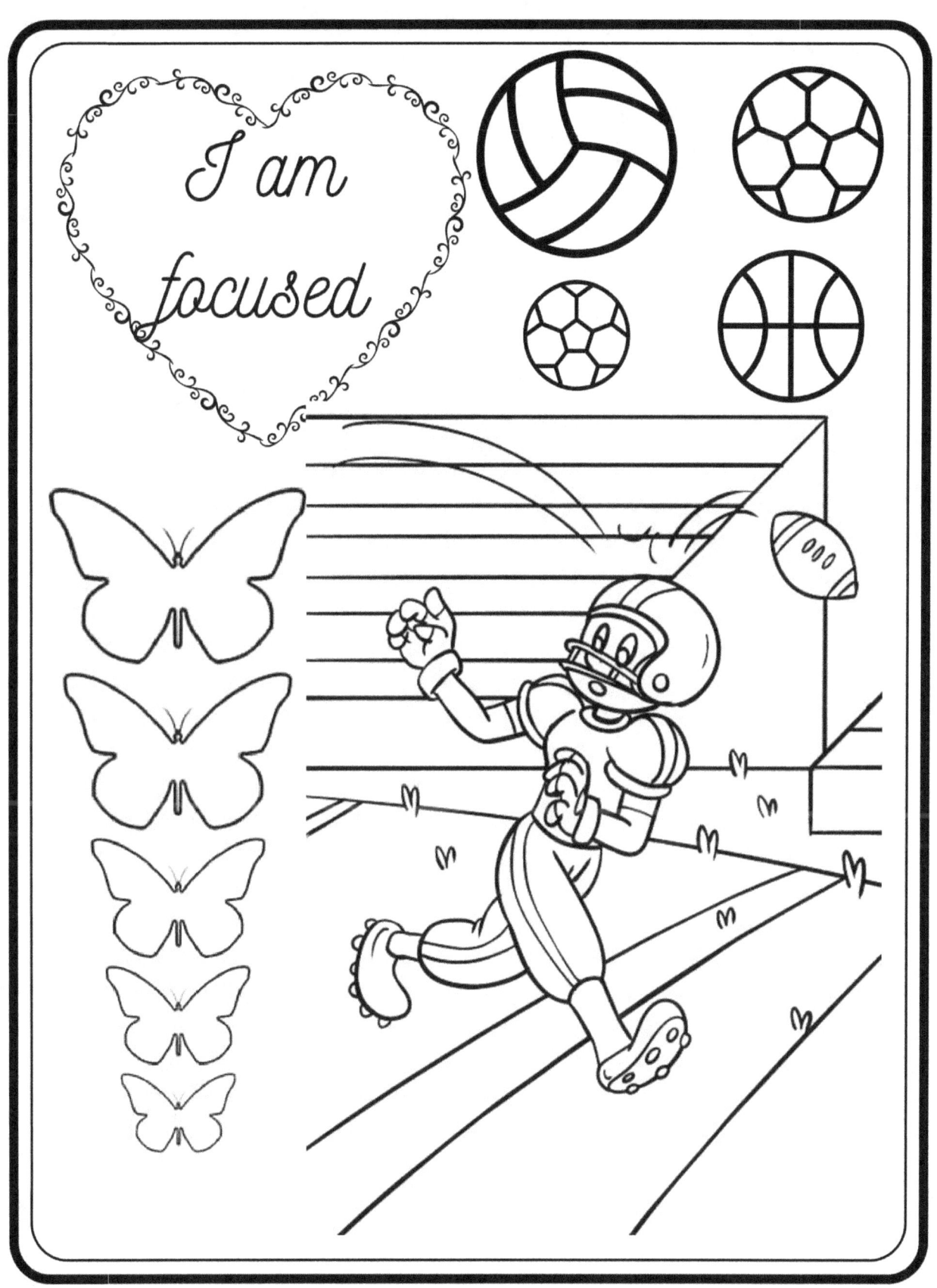

(I leave a page blank because sometimes when I colour I
press a little too hard)

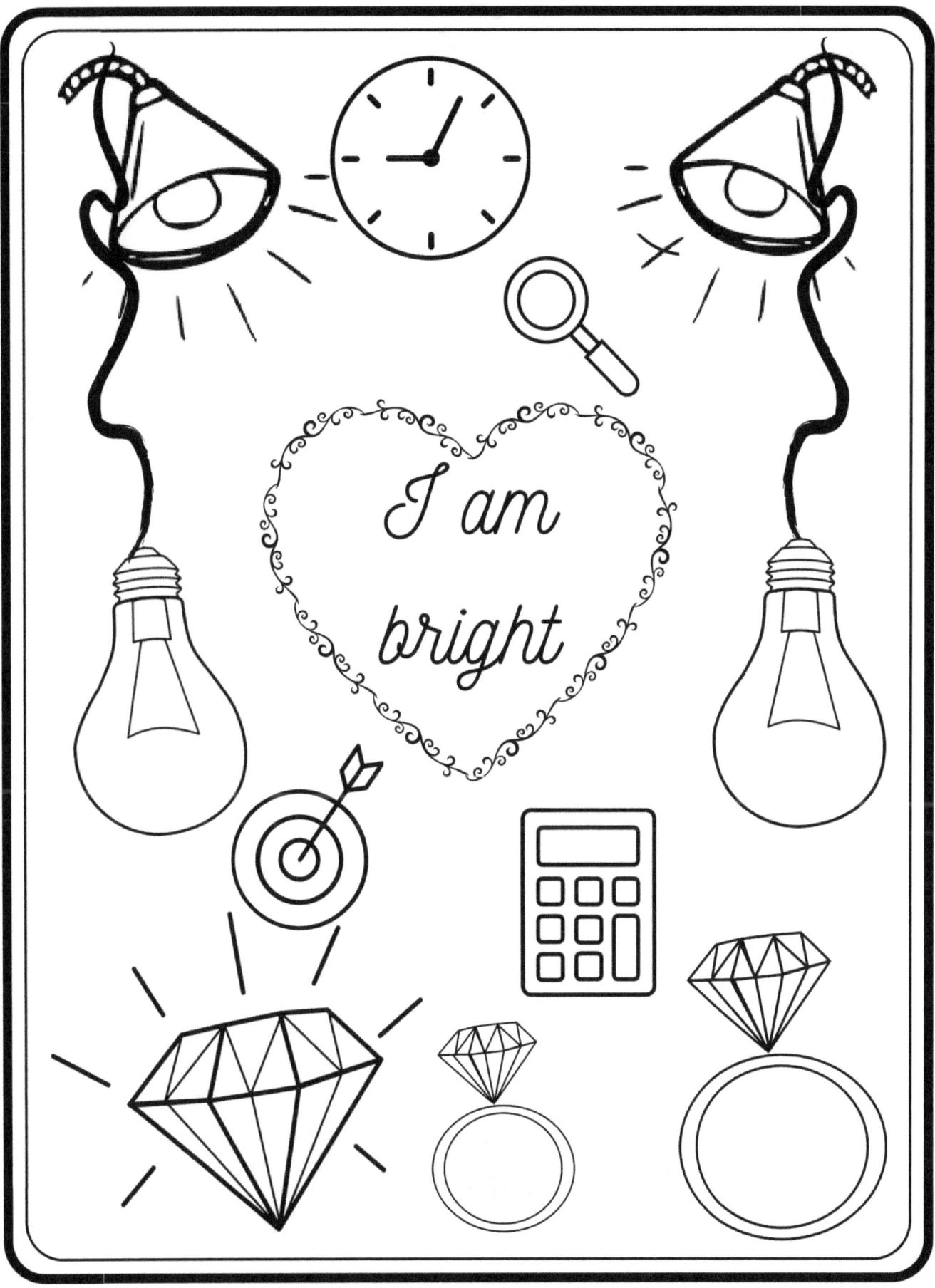

(I leave a page blank because sometimes when I colour I
press a little too hard)

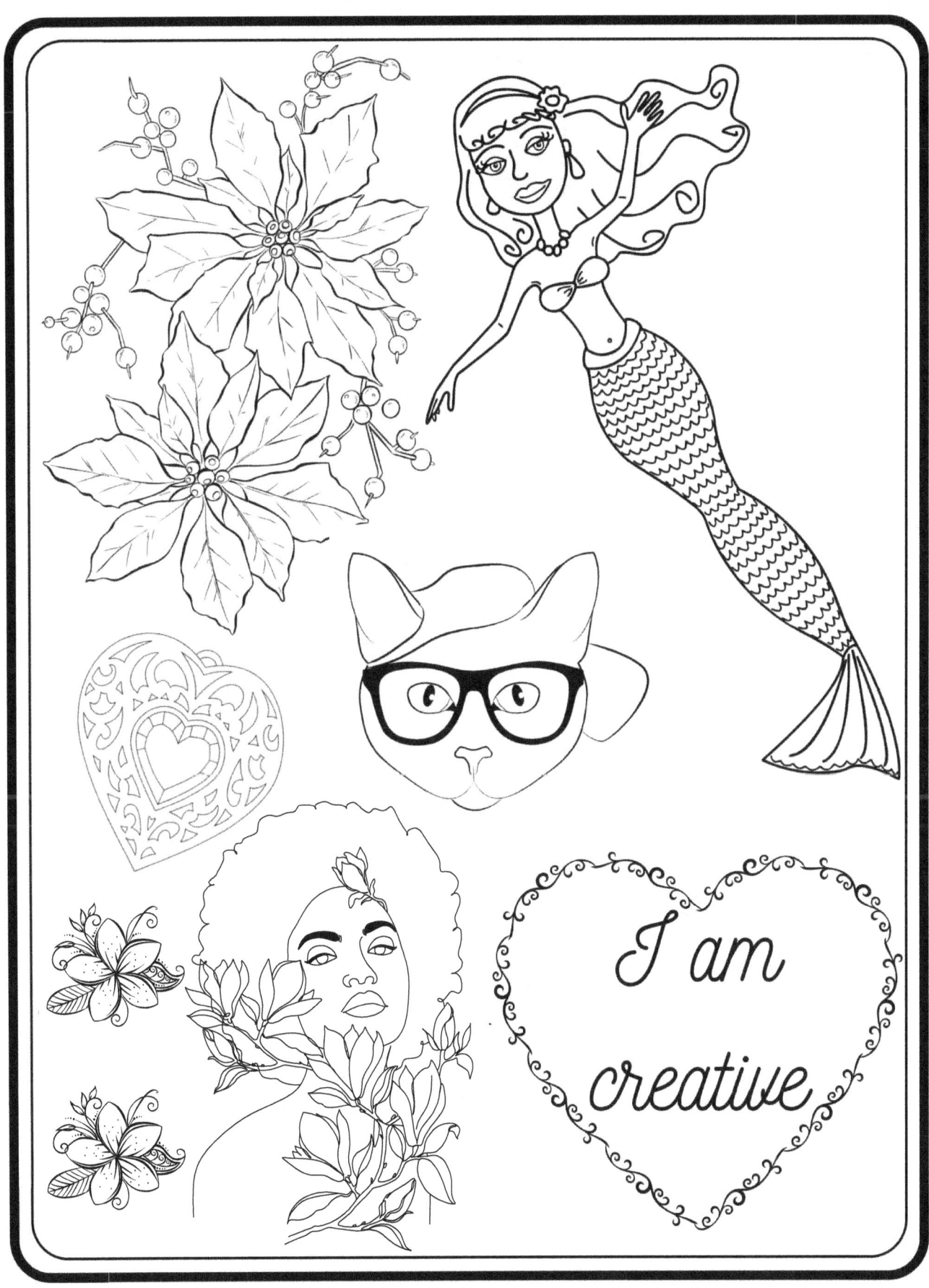

I am creative

(I leave a page blank because sometimes when I colour I
press a little too hard)

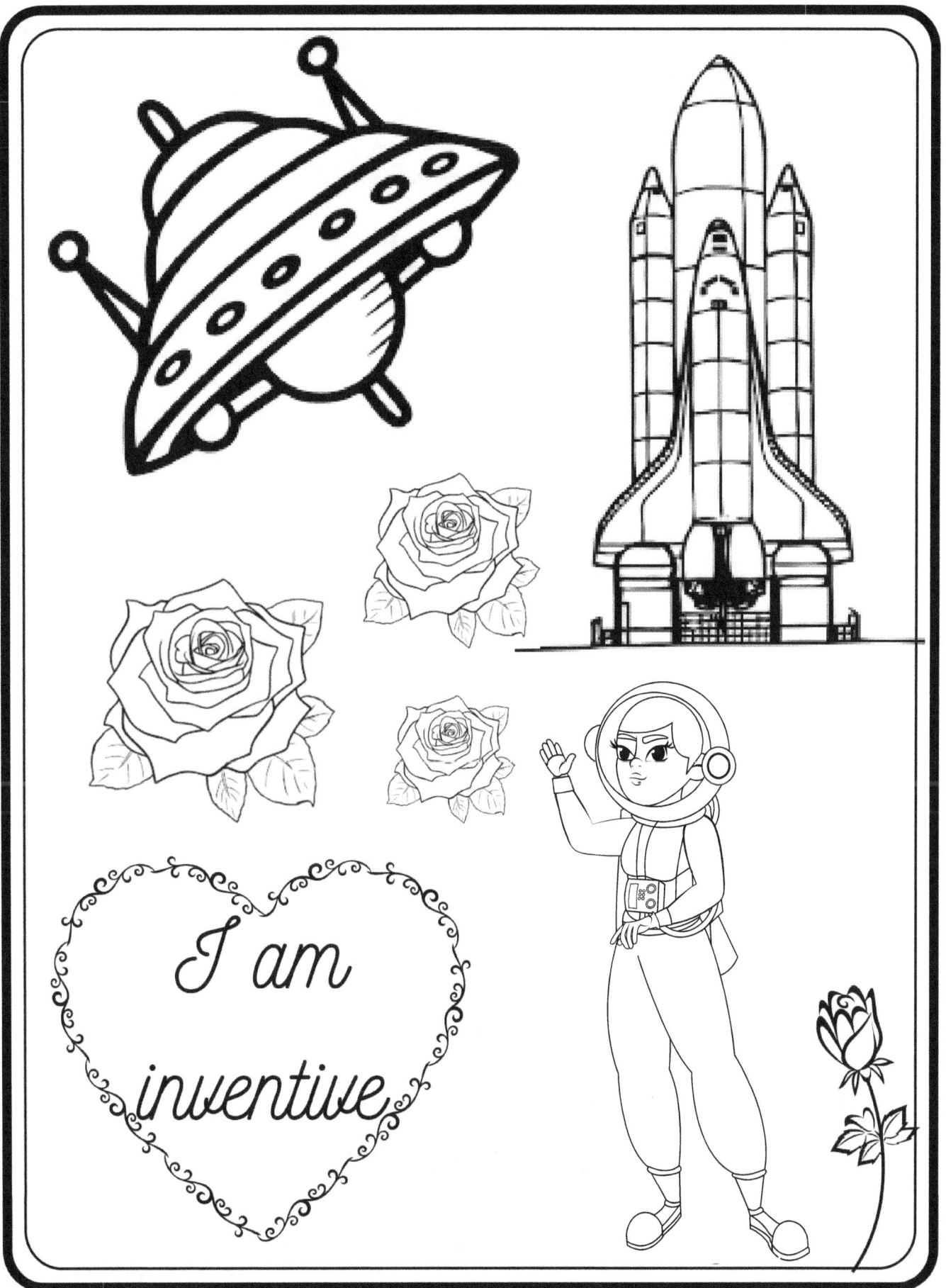

I am inventive

(I leave a page blank because sometimes when I colour I
press a little too hard)

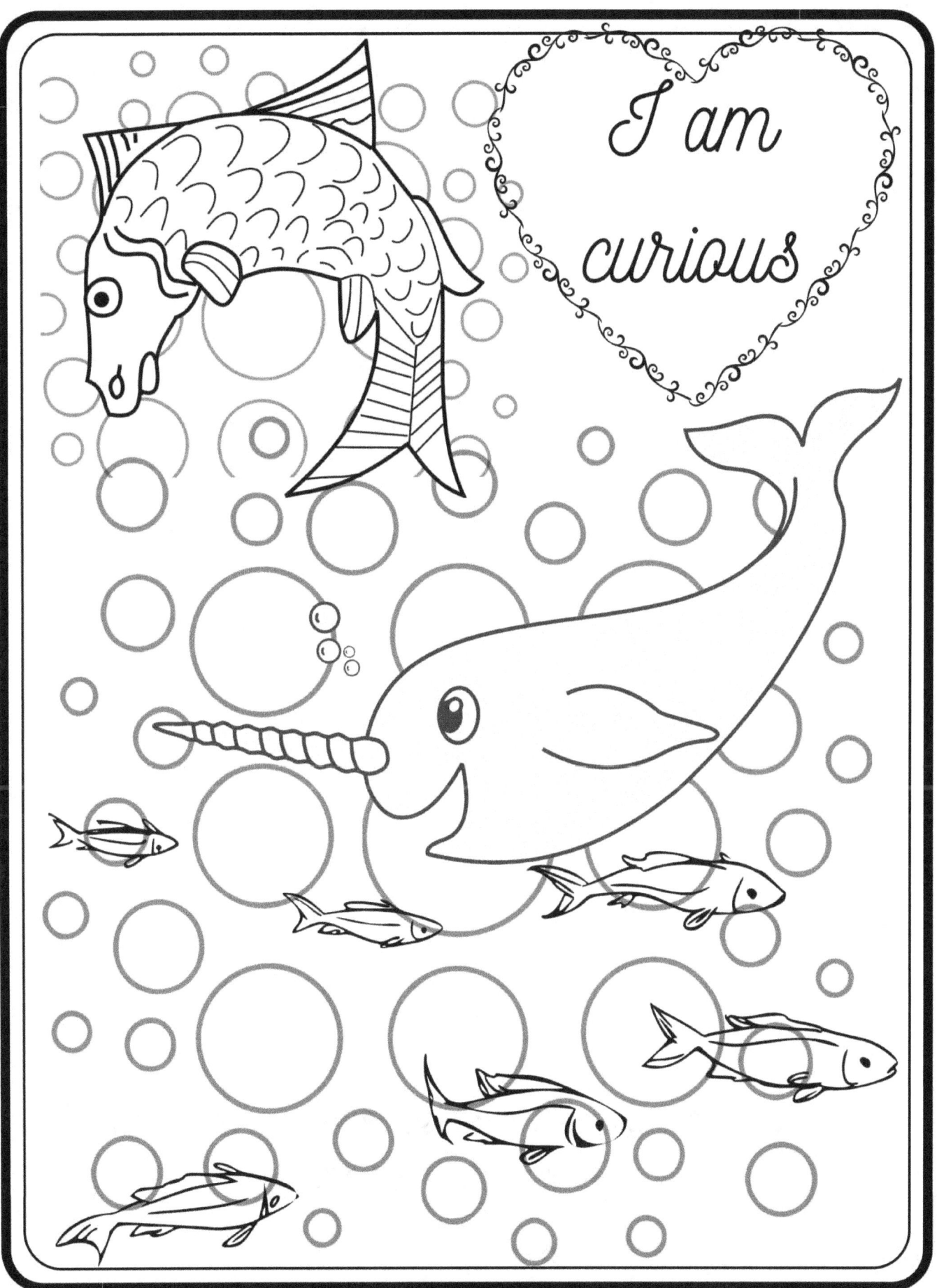

(I leave a page blank because sometimes when I colour I press a little too hard)

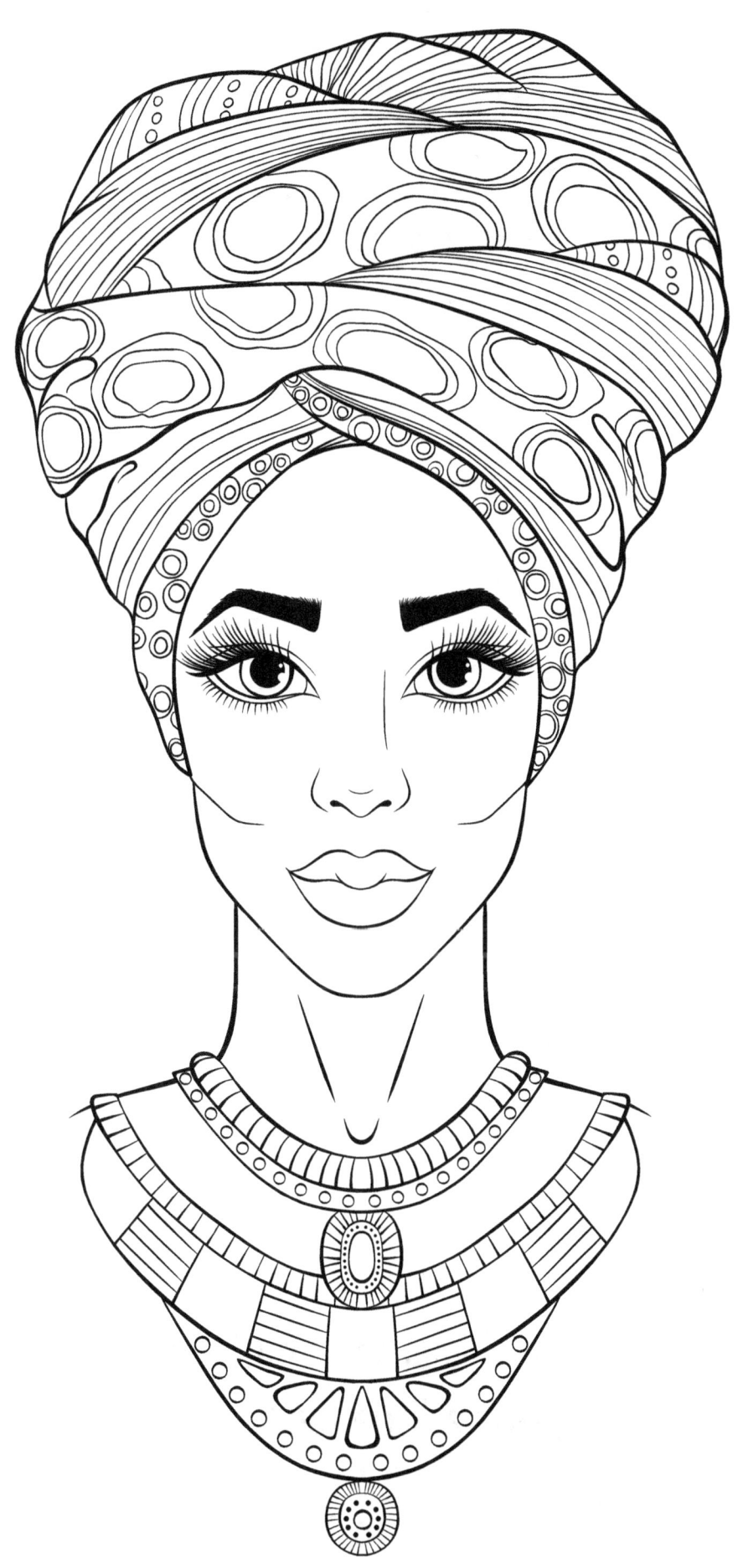

(I leave a page blank because sometimes when I colour I
press a little too hard)

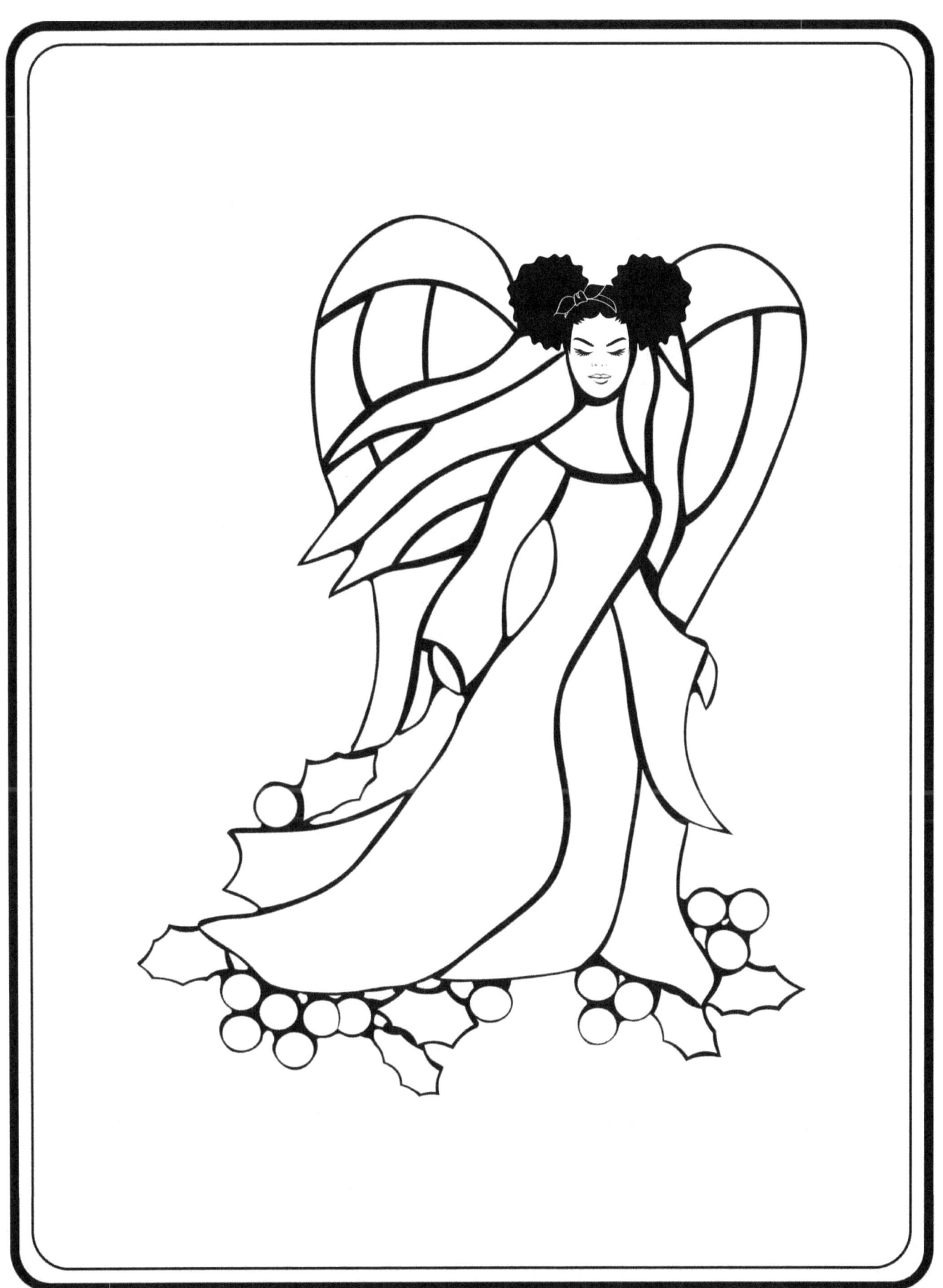

(I leave a page blank because sometimes when I colour I press a little too hard)

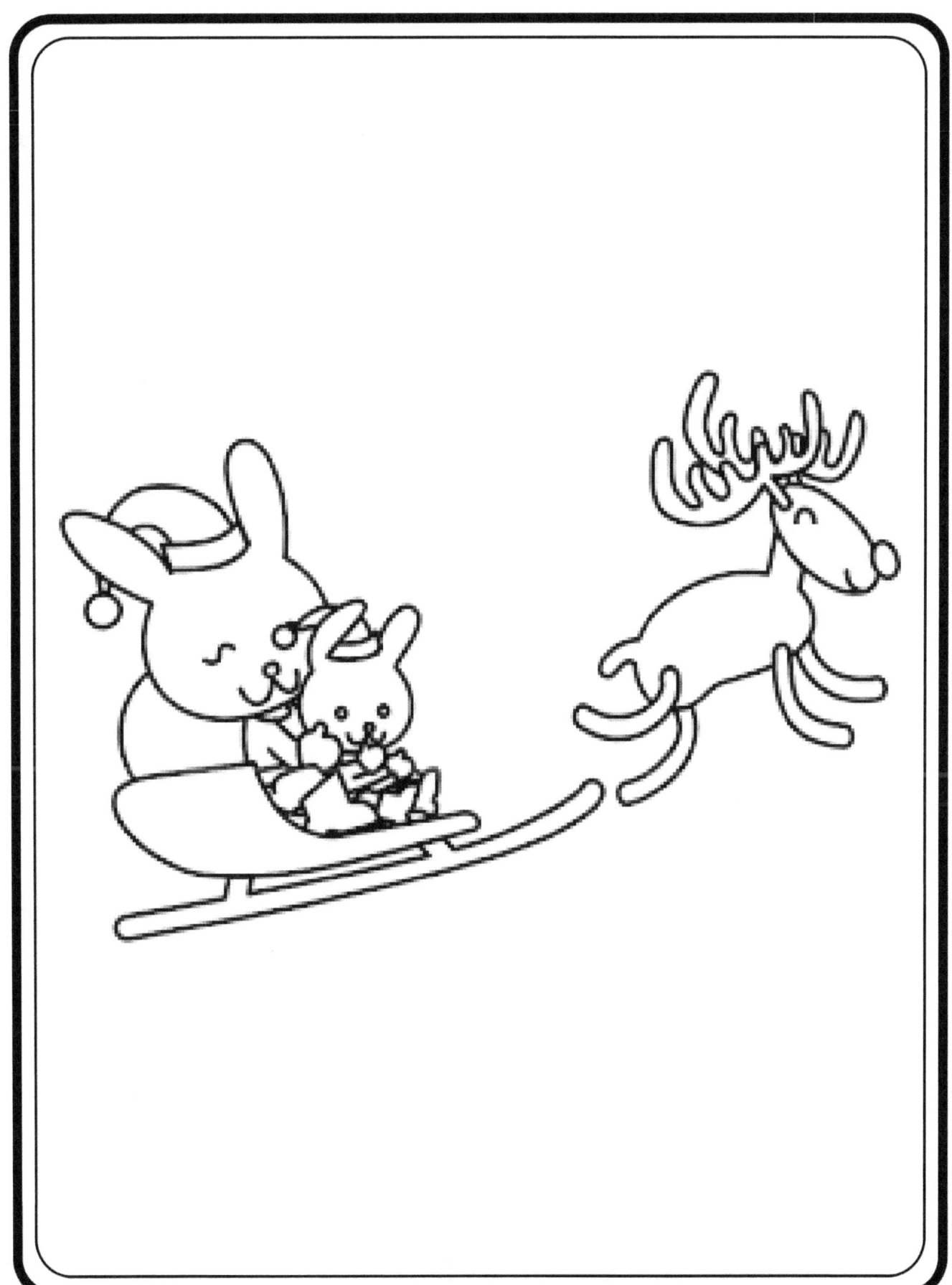

(I leave a page blank because sometimes when I colour I press a little too hard)

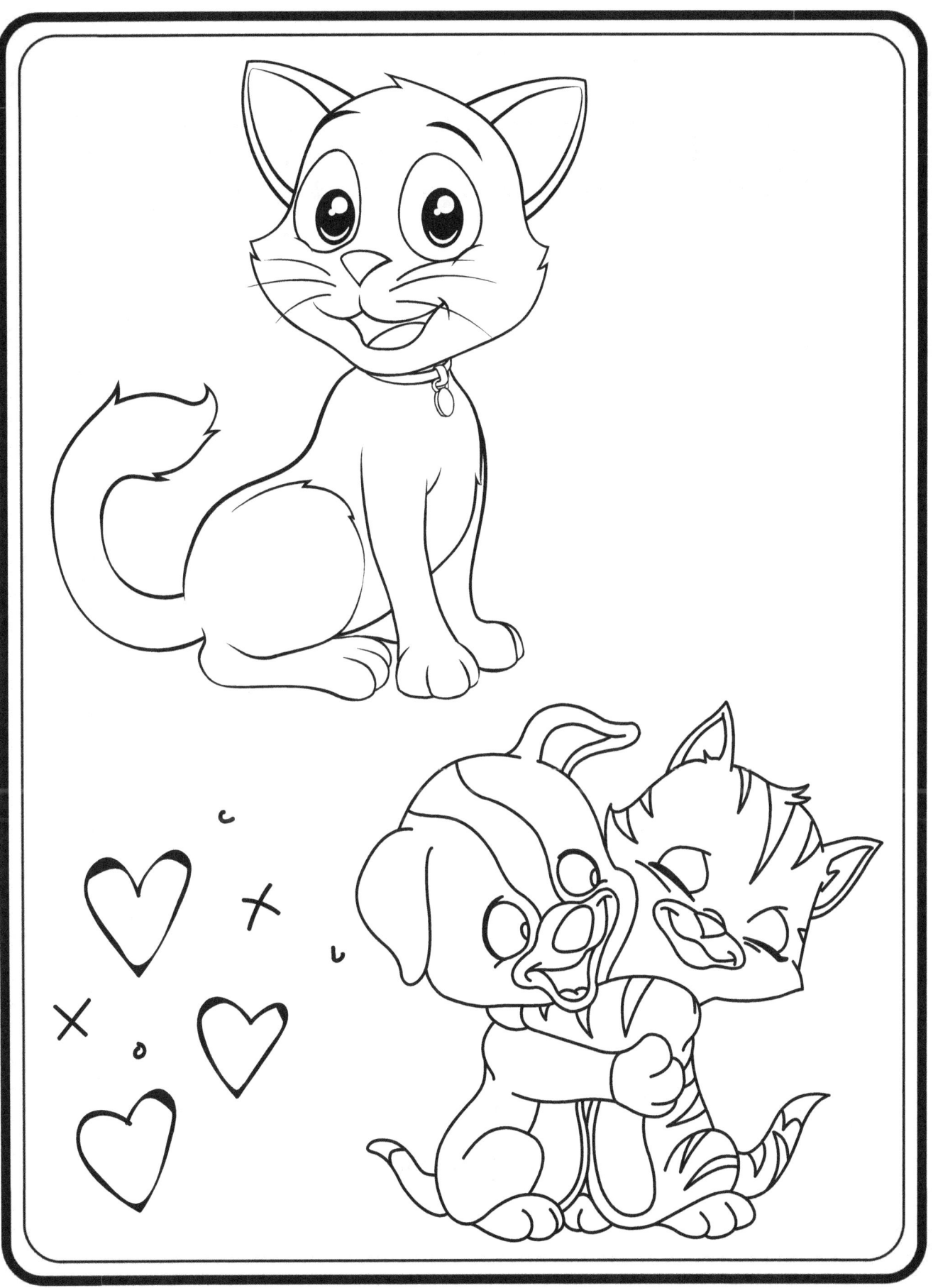

(I leave a page blank because sometimes when I colour I
press a little too hard)

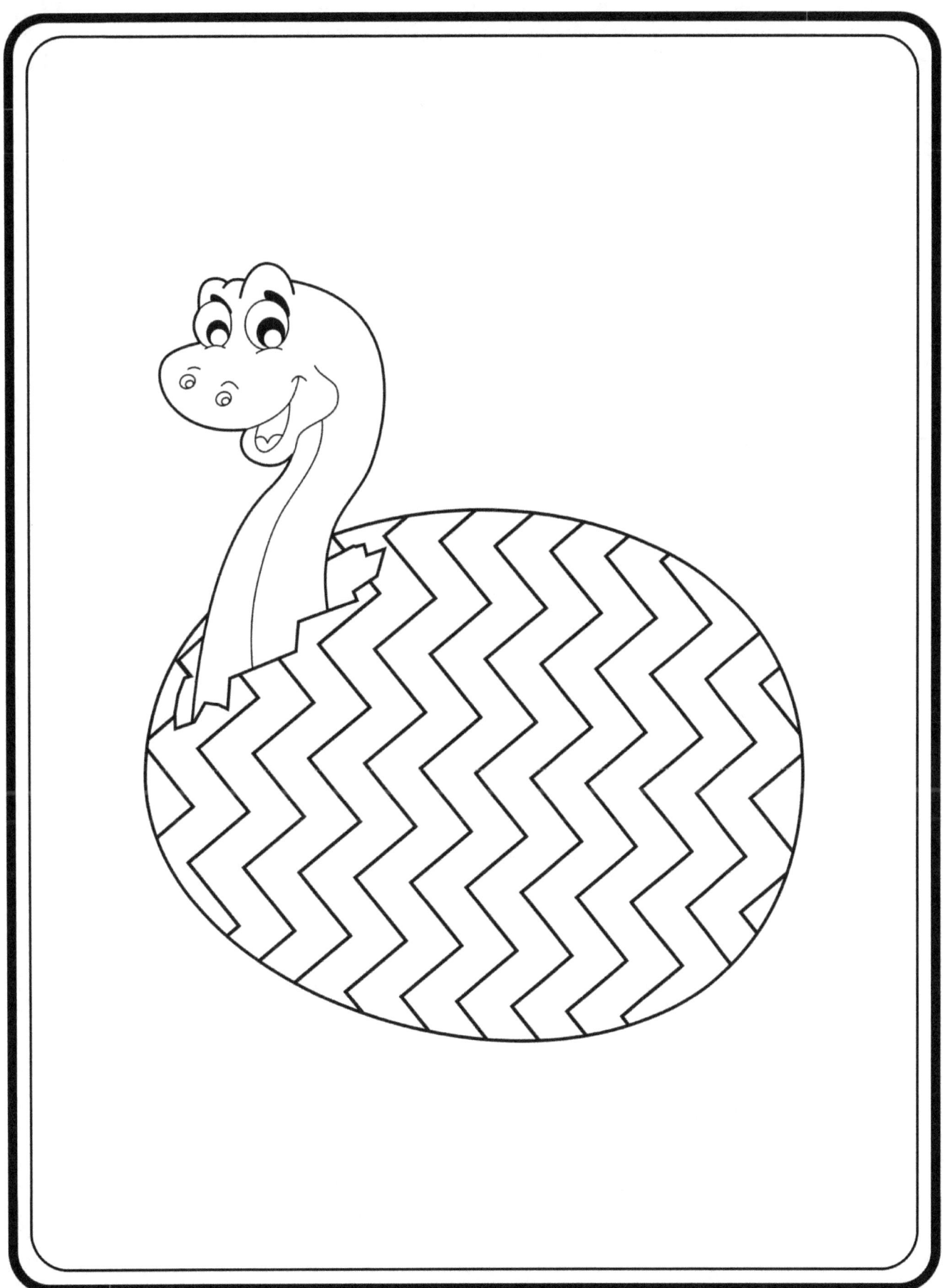

(I leave a page blank because sometimes when I colour I press a little too hard)

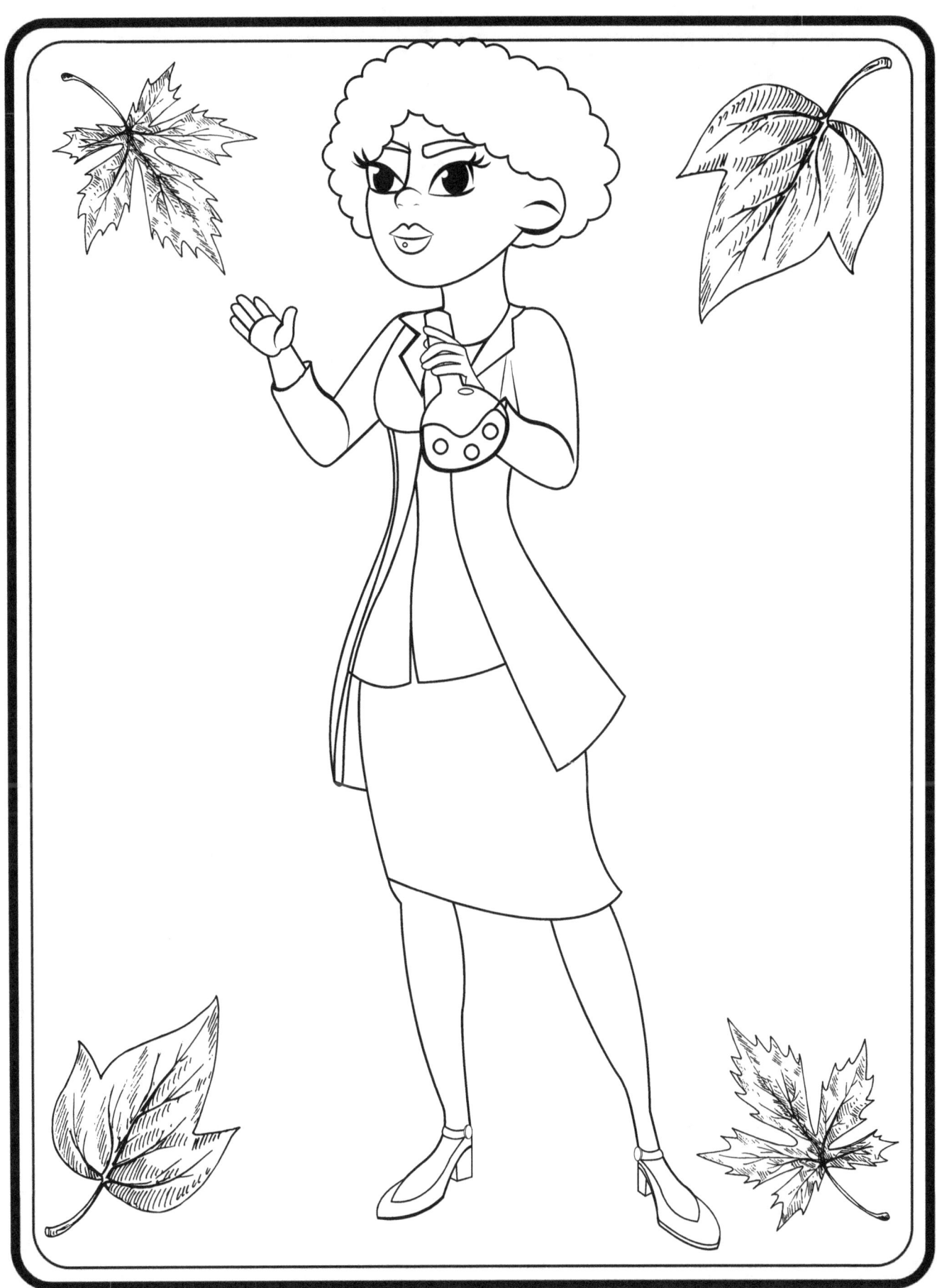

(I leave a page blank because sometimes when I colour I press a little too hard)

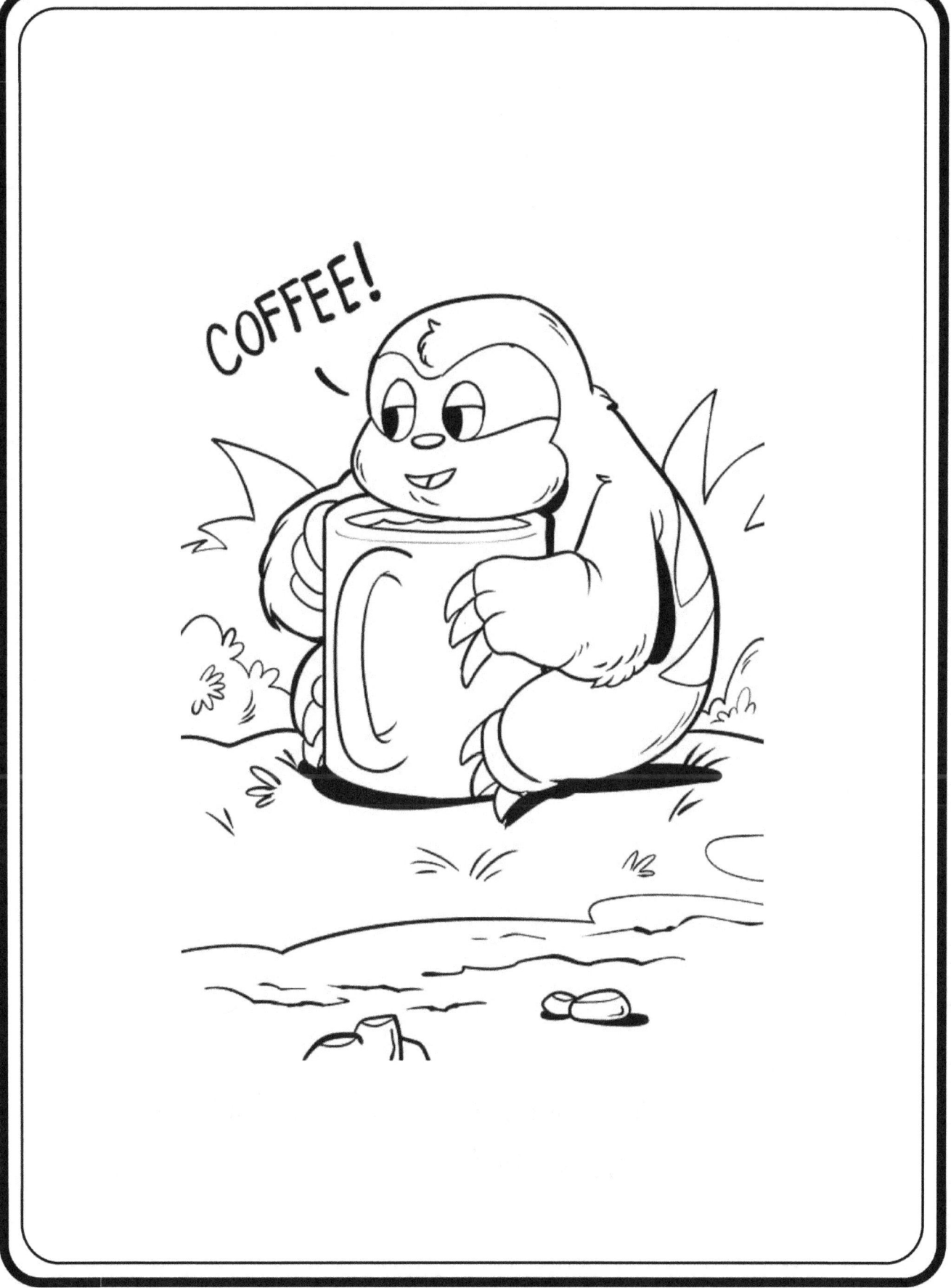

(I leave a page blank because sometimes when I colour I
press a little too hard)

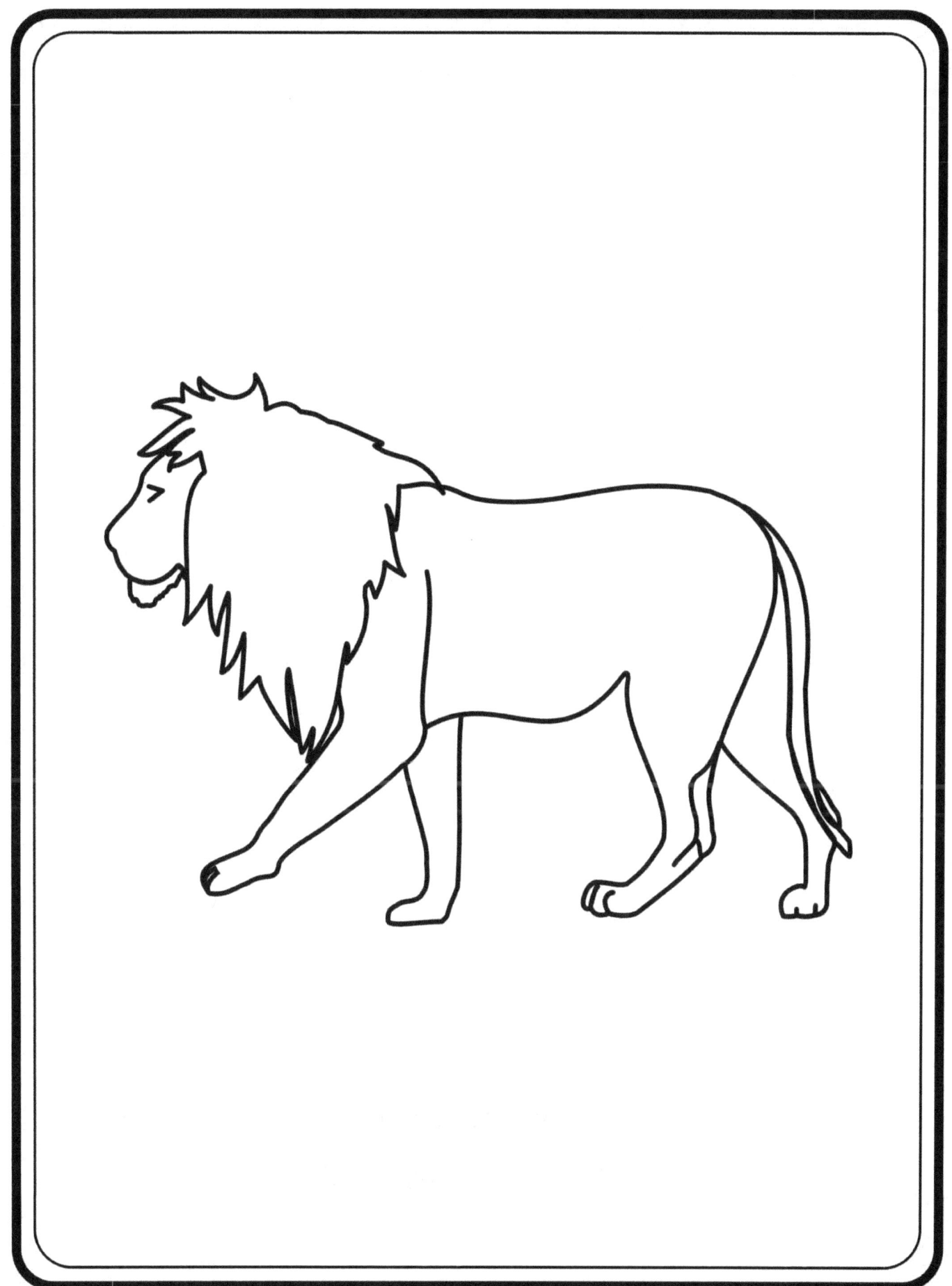

(I leave a page blank because sometimes when I colour I press a little too hard)

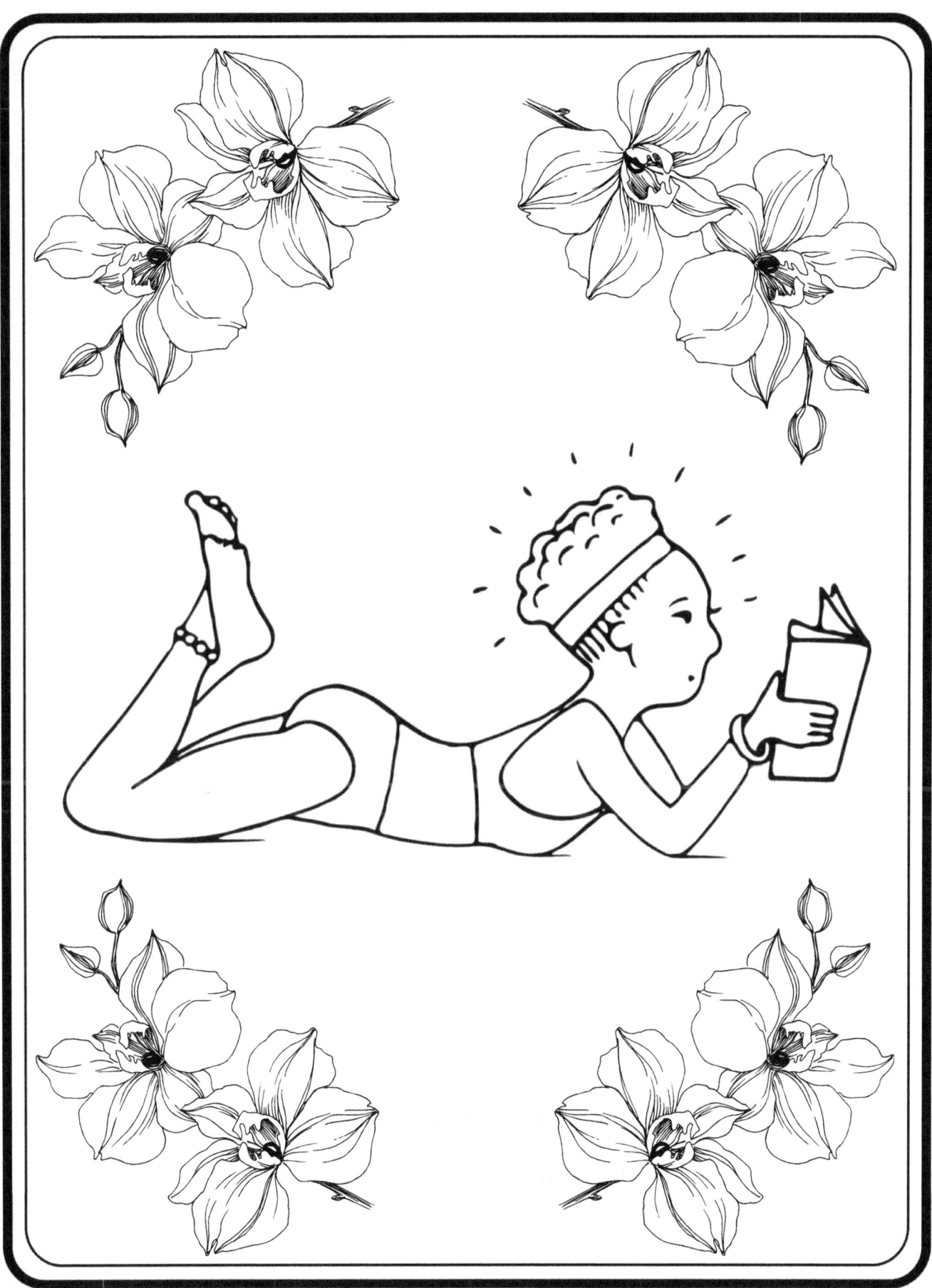

(I leave a page blank because sometimes when I colour I
press a little too hard)

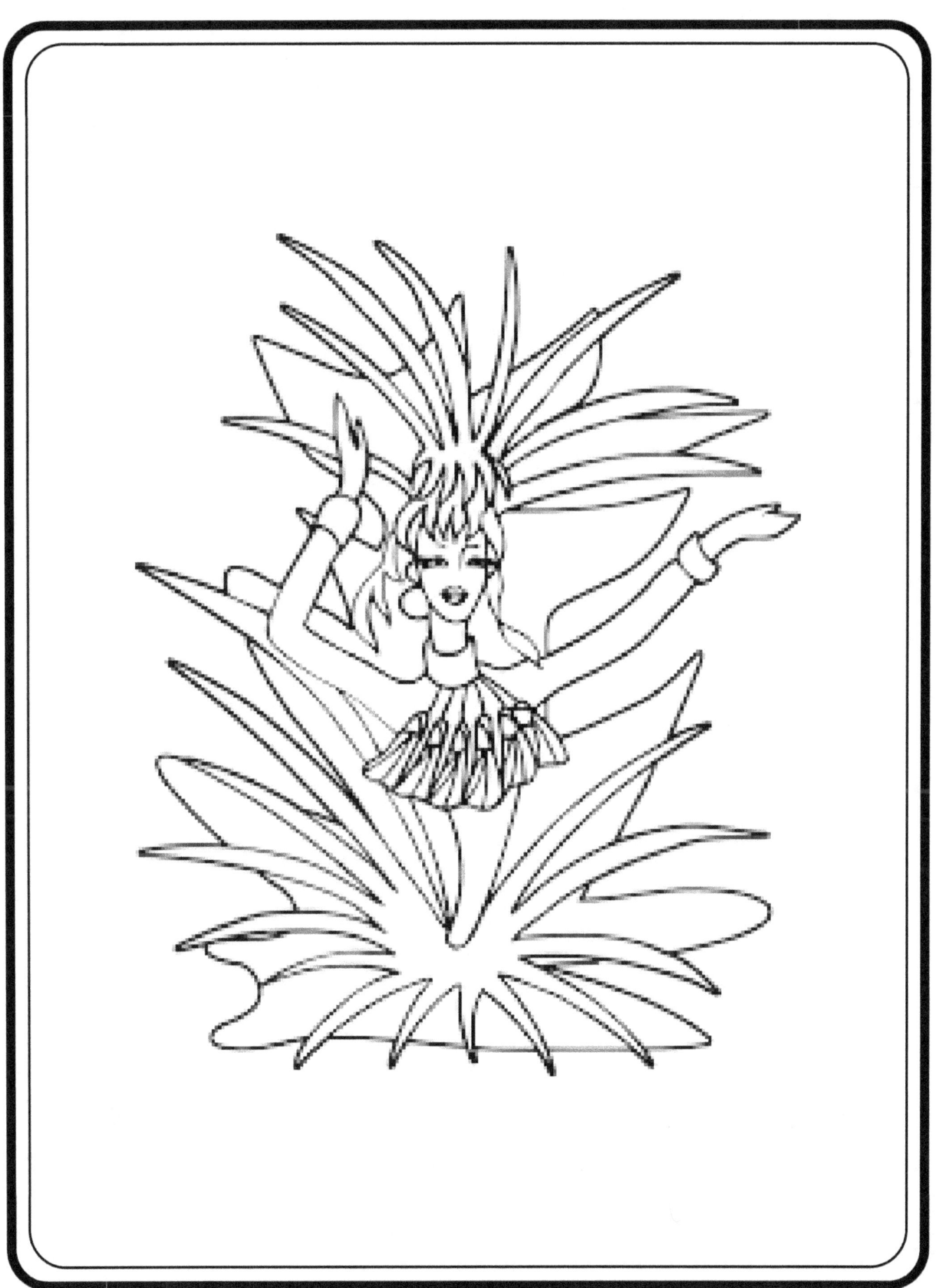

(I leave a page blank because sometimes when I colour I
press a little too hard)

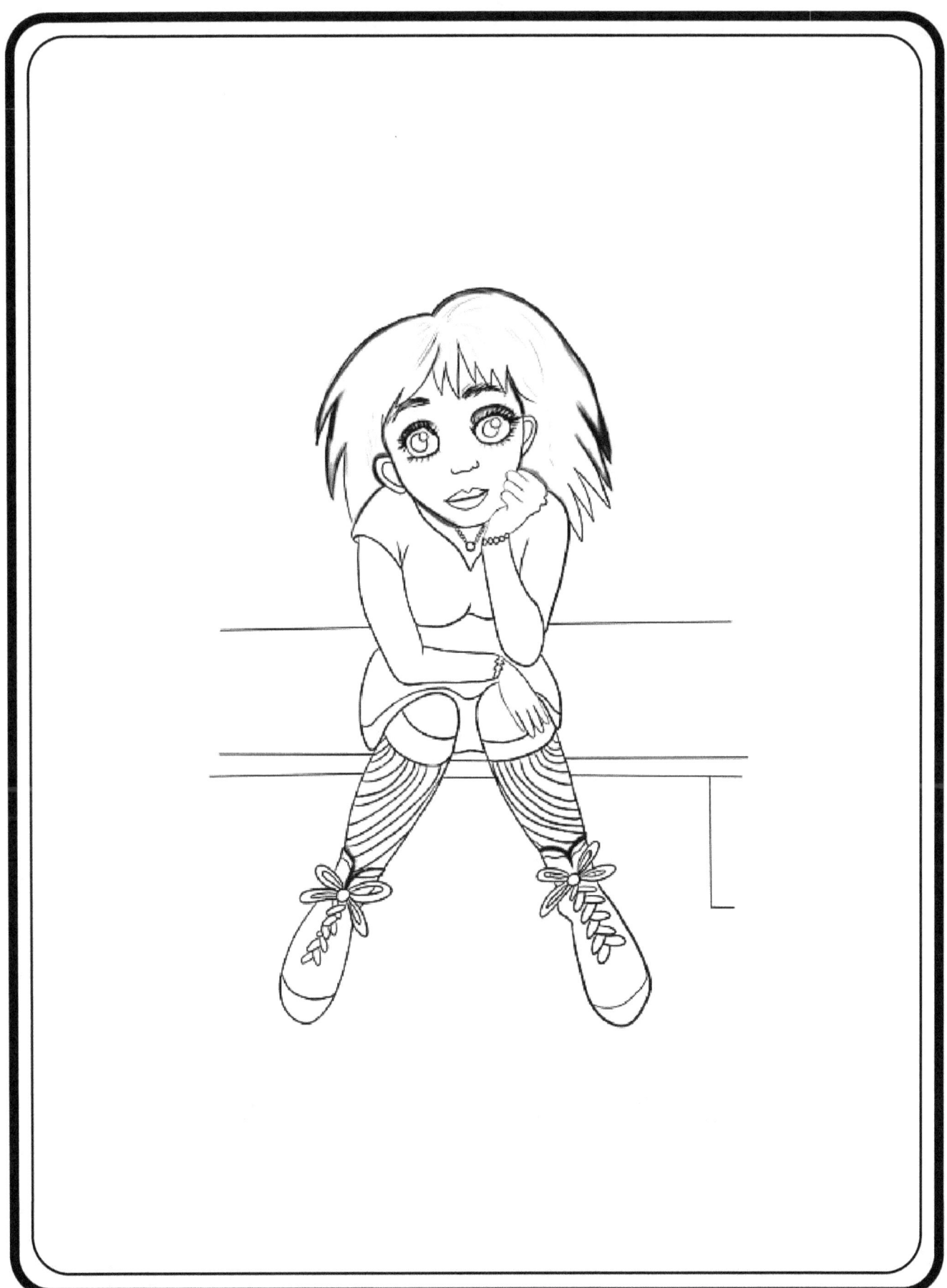

(I leave a page blank because sometimes when I colour I
press a little too hard)

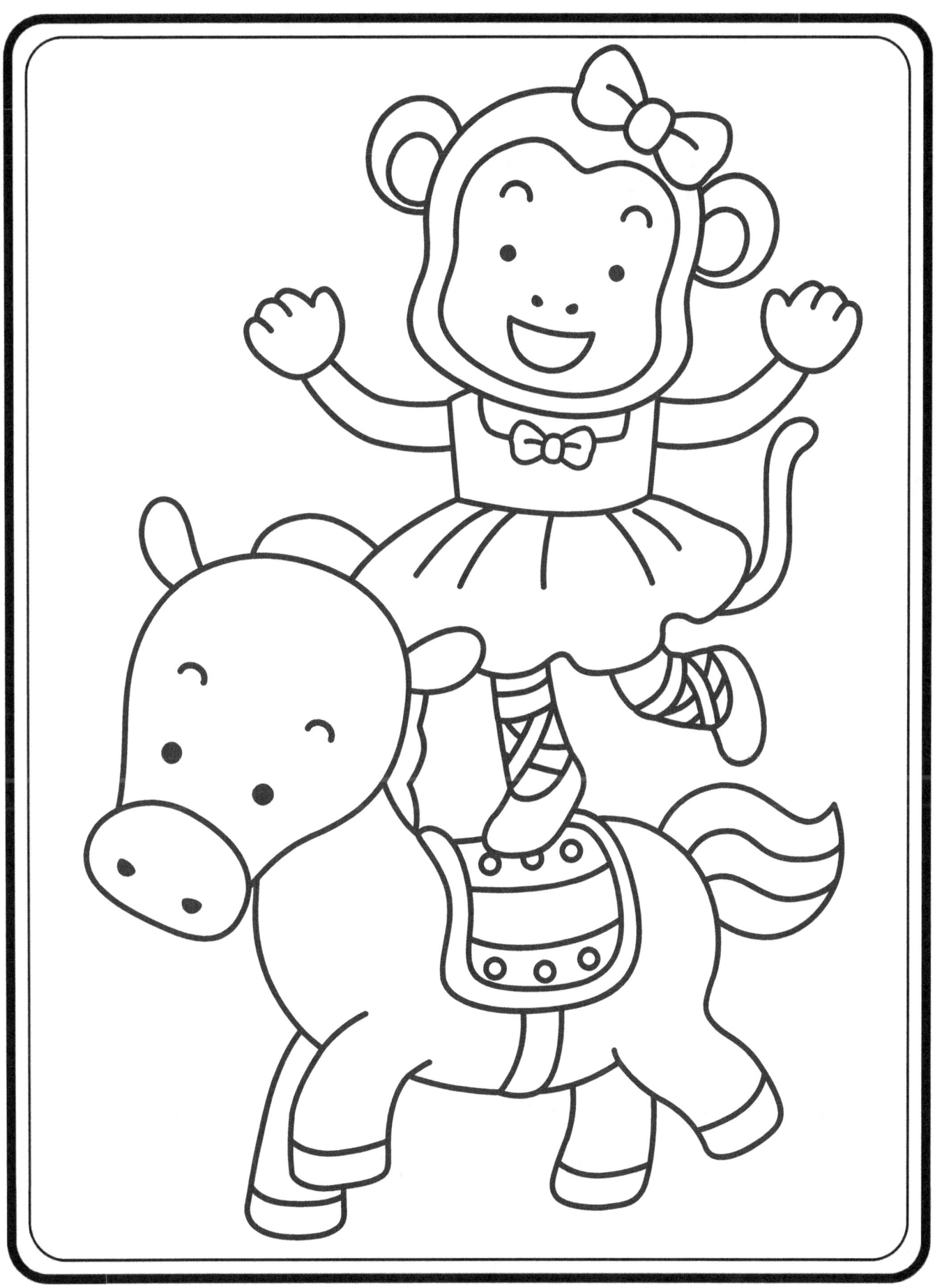

(I leave a page blank because sometimes when I colour I press a little too hard)

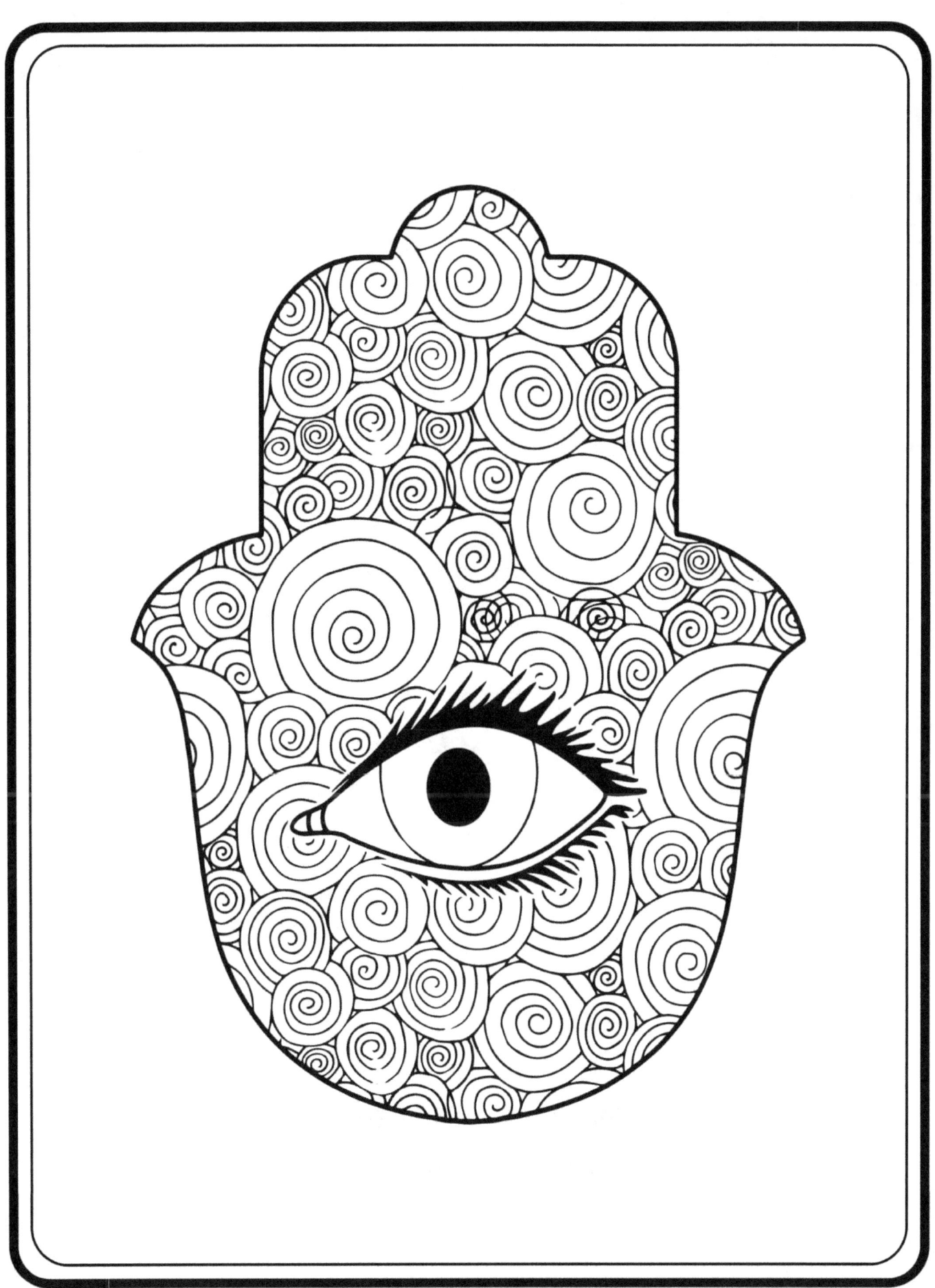

(I leave a page blank because sometimes when I colour I
press a little too hard)

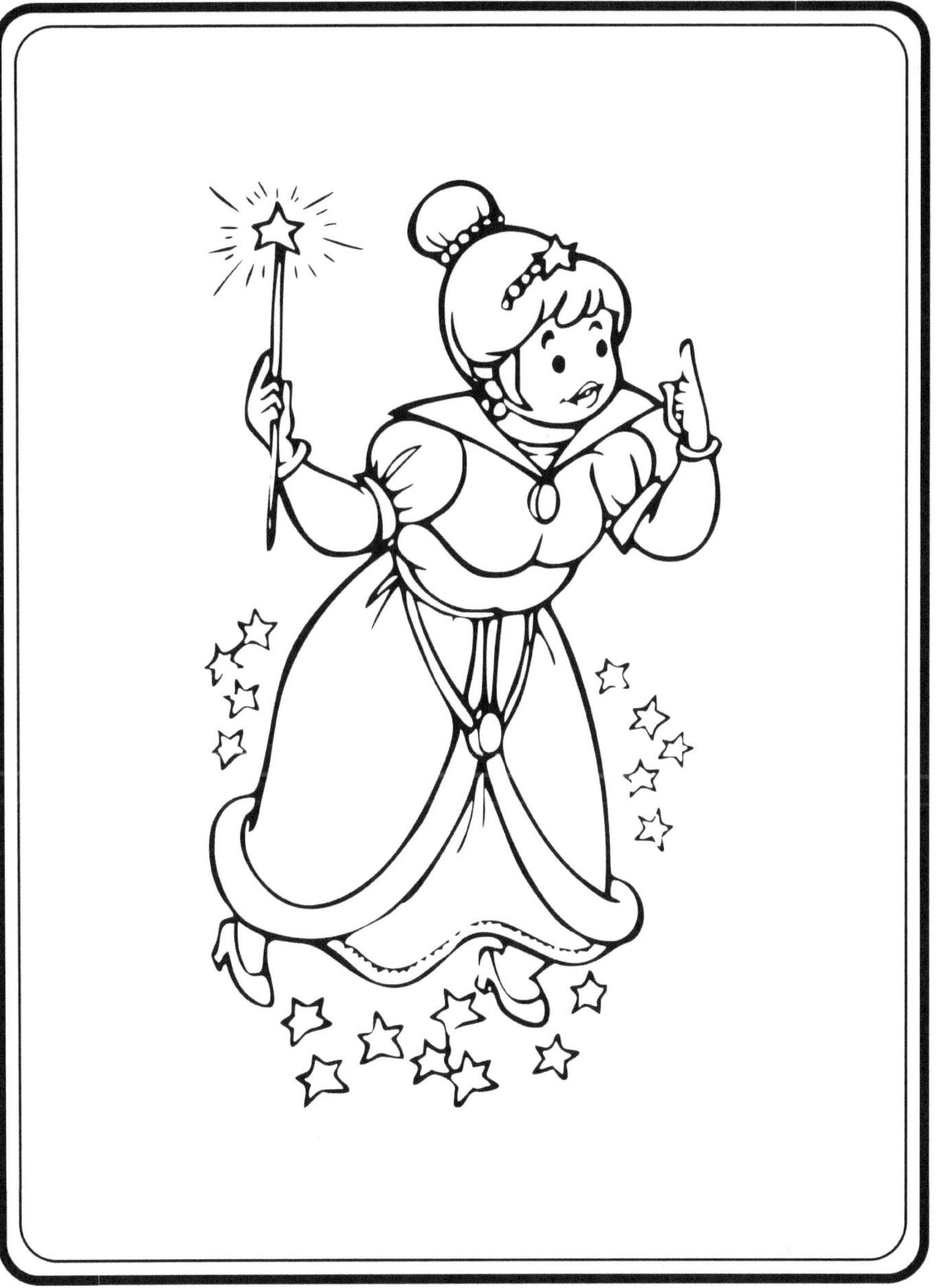

(I leave a page blank because sometimes when I colour I press a little too hard)

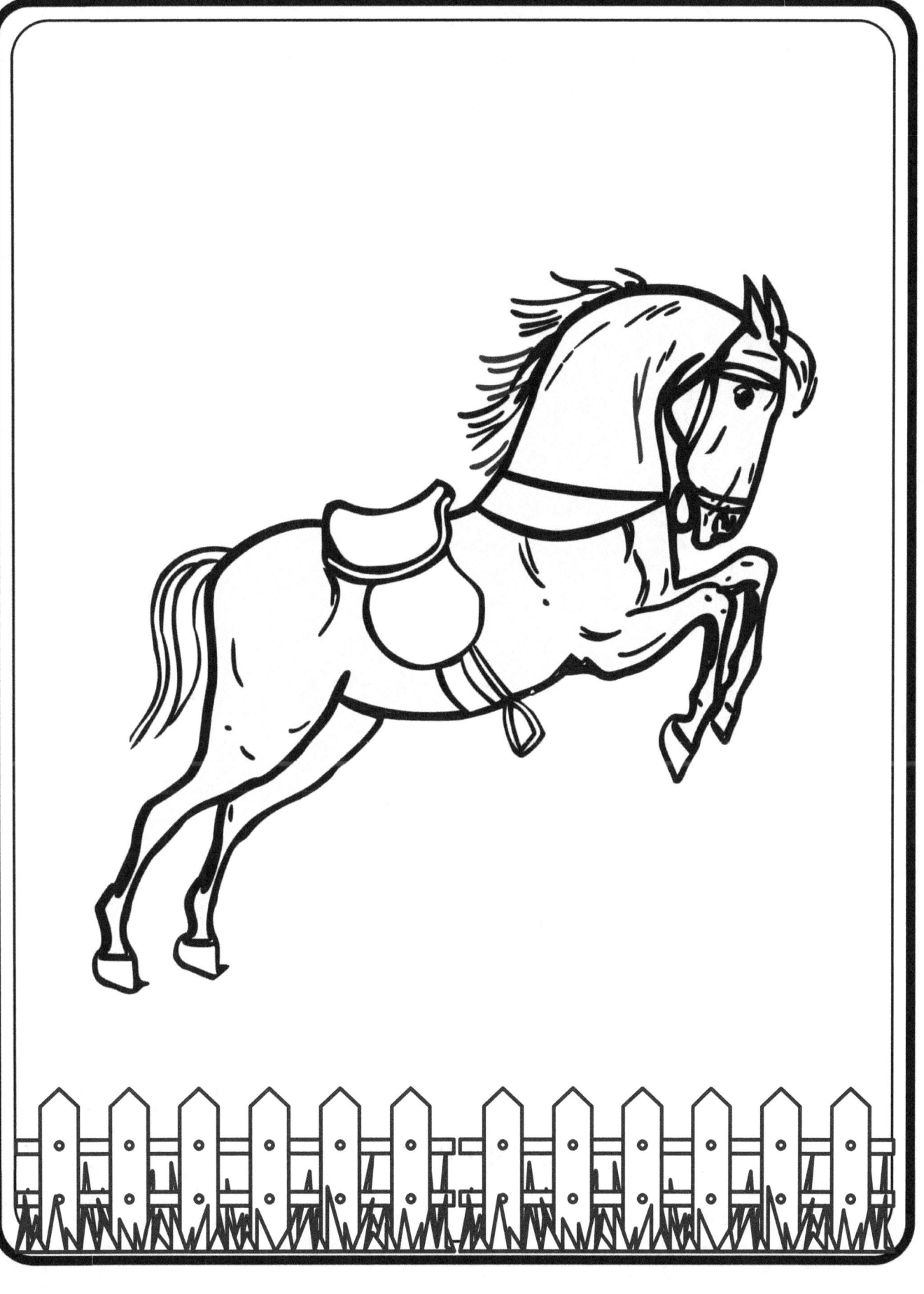

(I leave a page blank because sometimes when I colour I
press a little too hard)

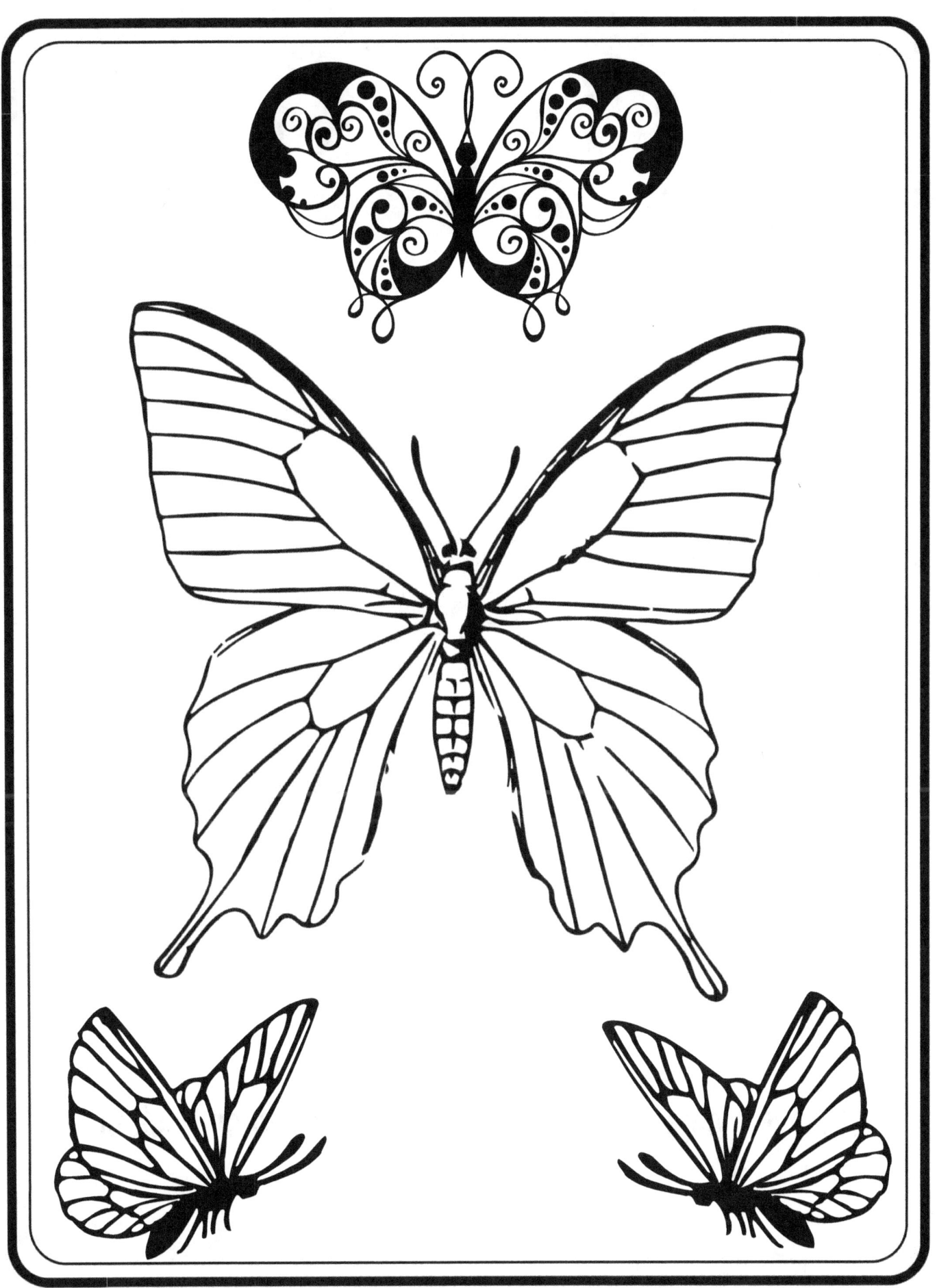

(I leave a page blank because sometimes when I colour I press a little too hard)

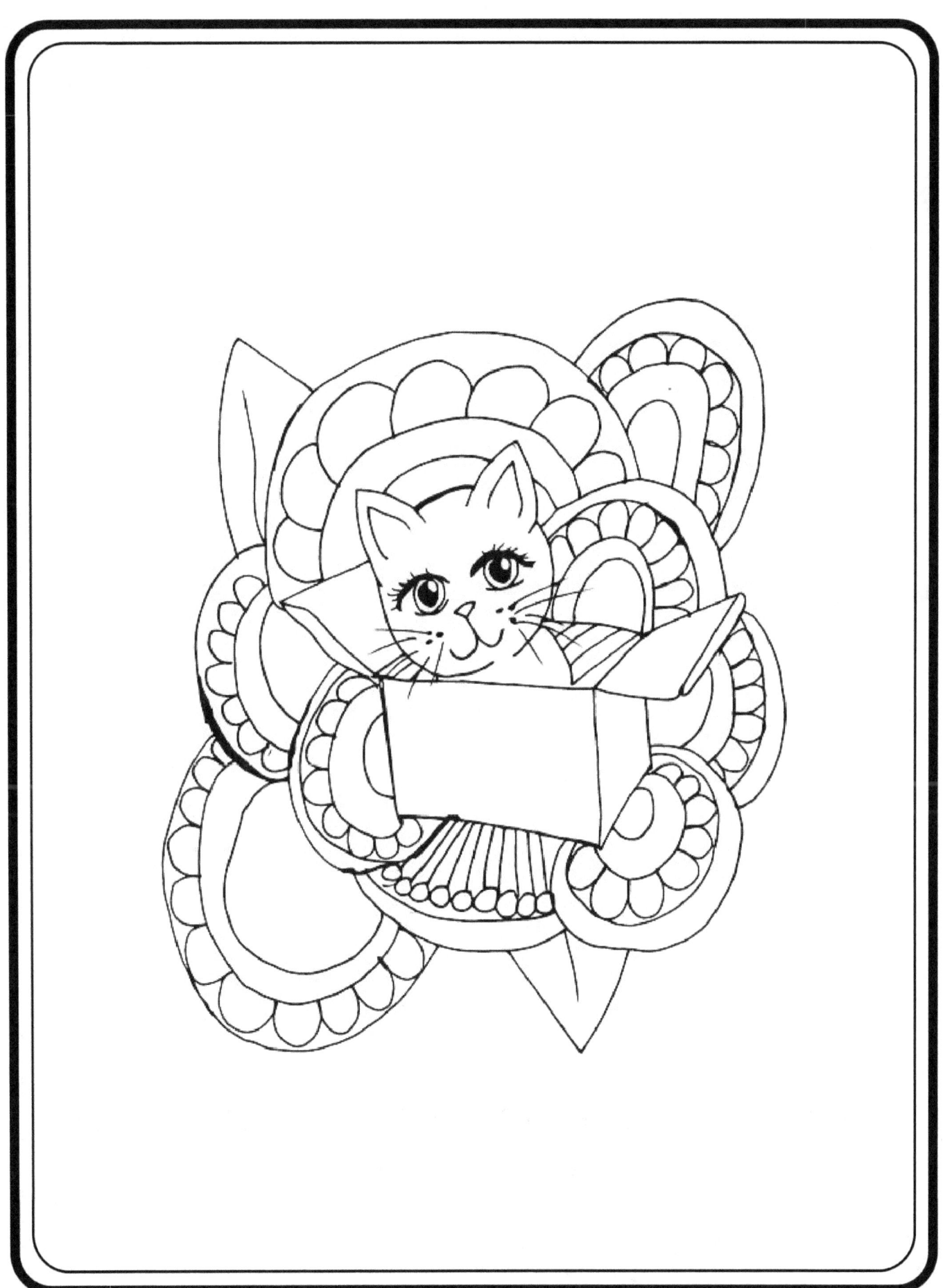

(I leave a page blank because sometimes when I colour I
press a little too hard)

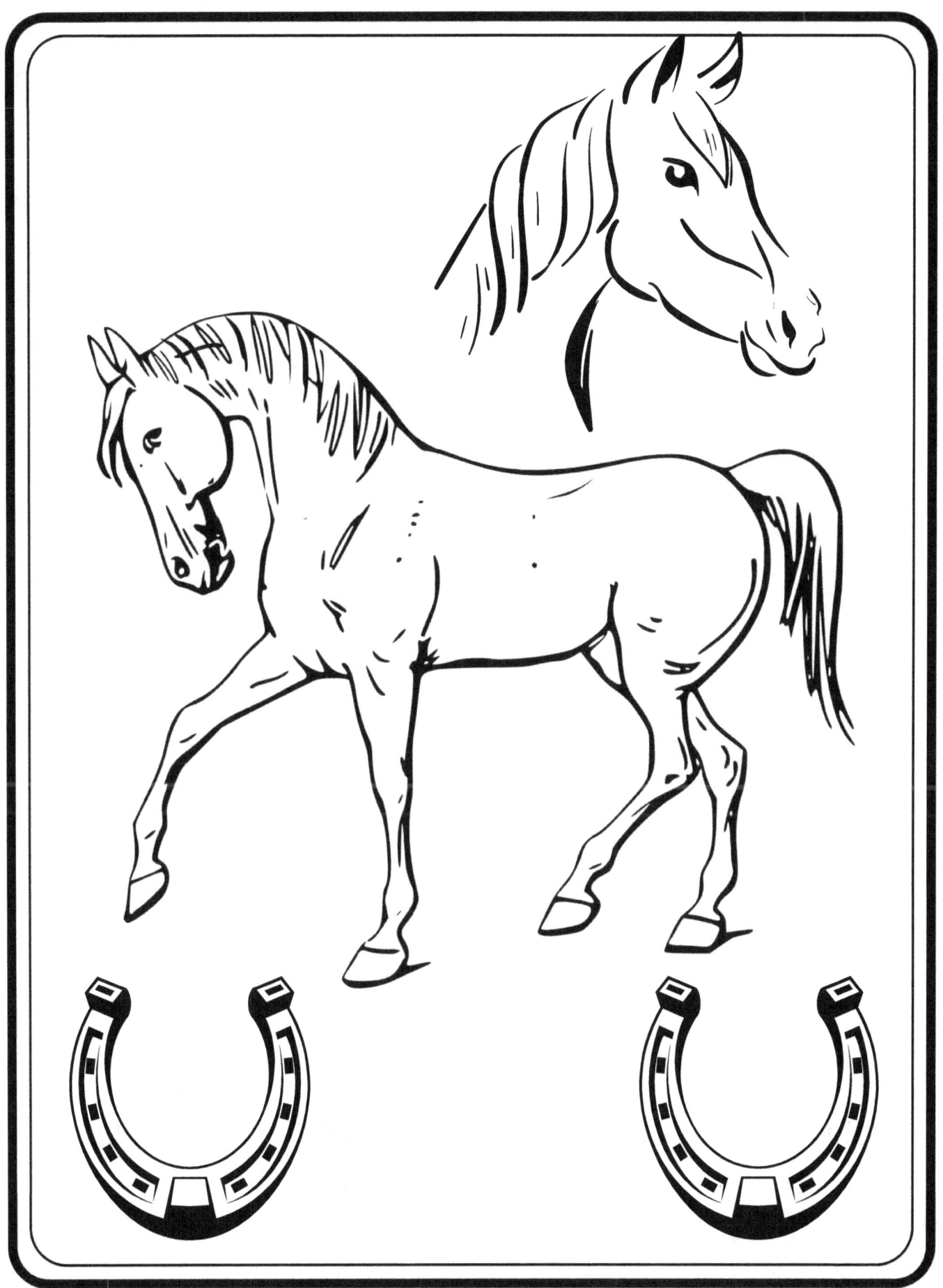

(I leave a page blank because sometimes when I colour I
press a little too hard)

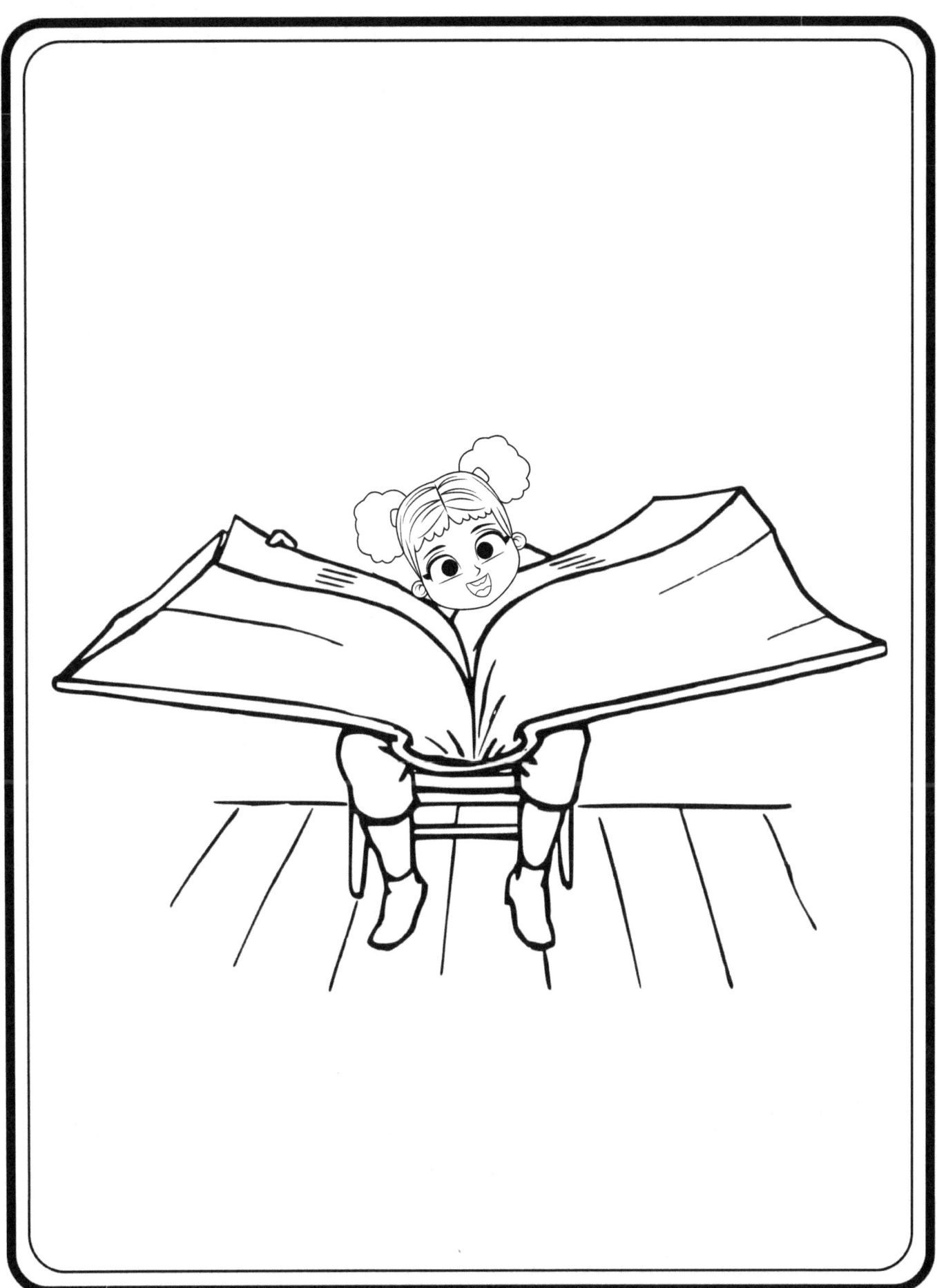

(I leave a page blank because sometimes when I colour I
press a little too hard)

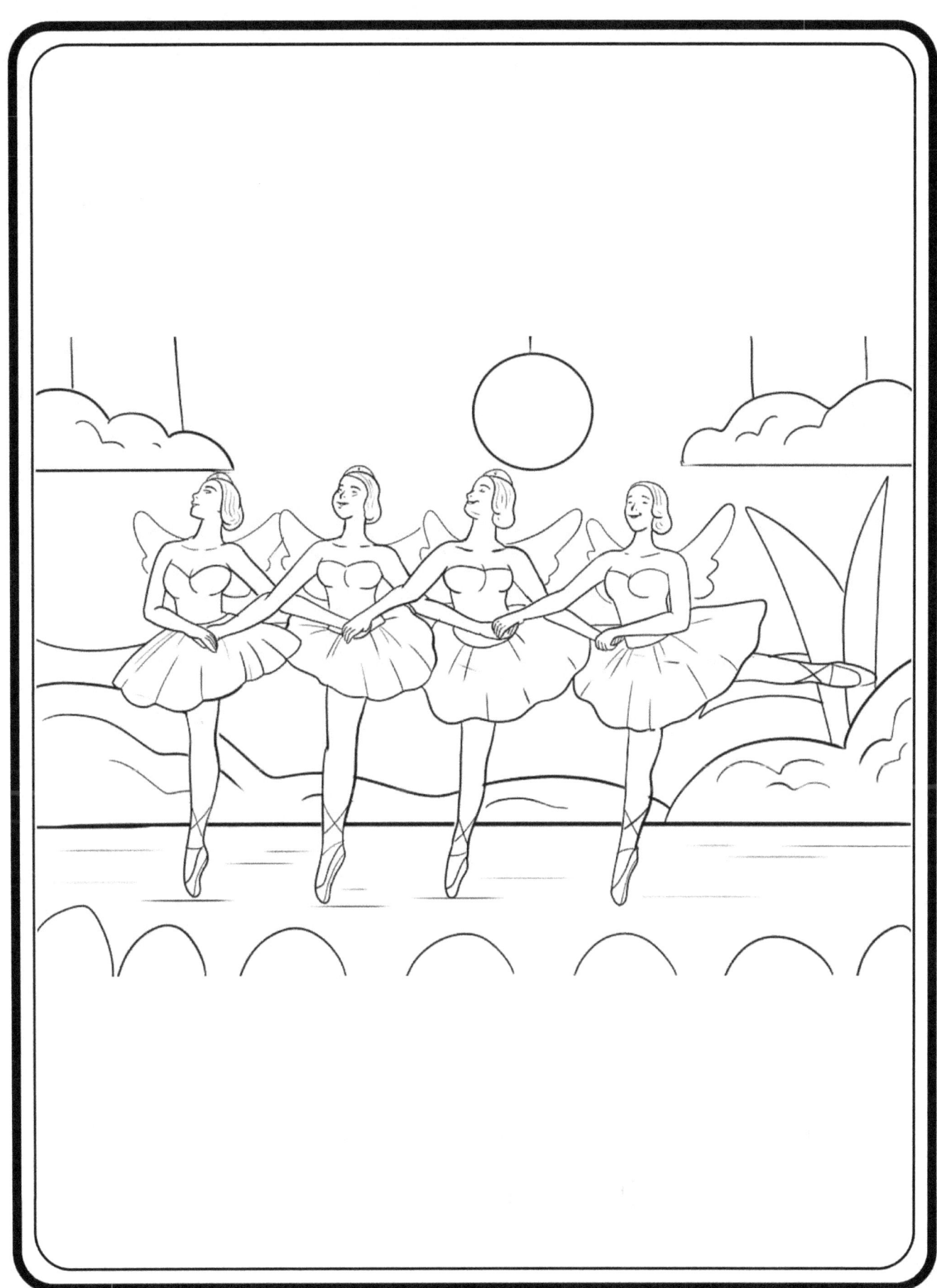

(I leave a page blank because sometimes when I colour I
press a little too hard)

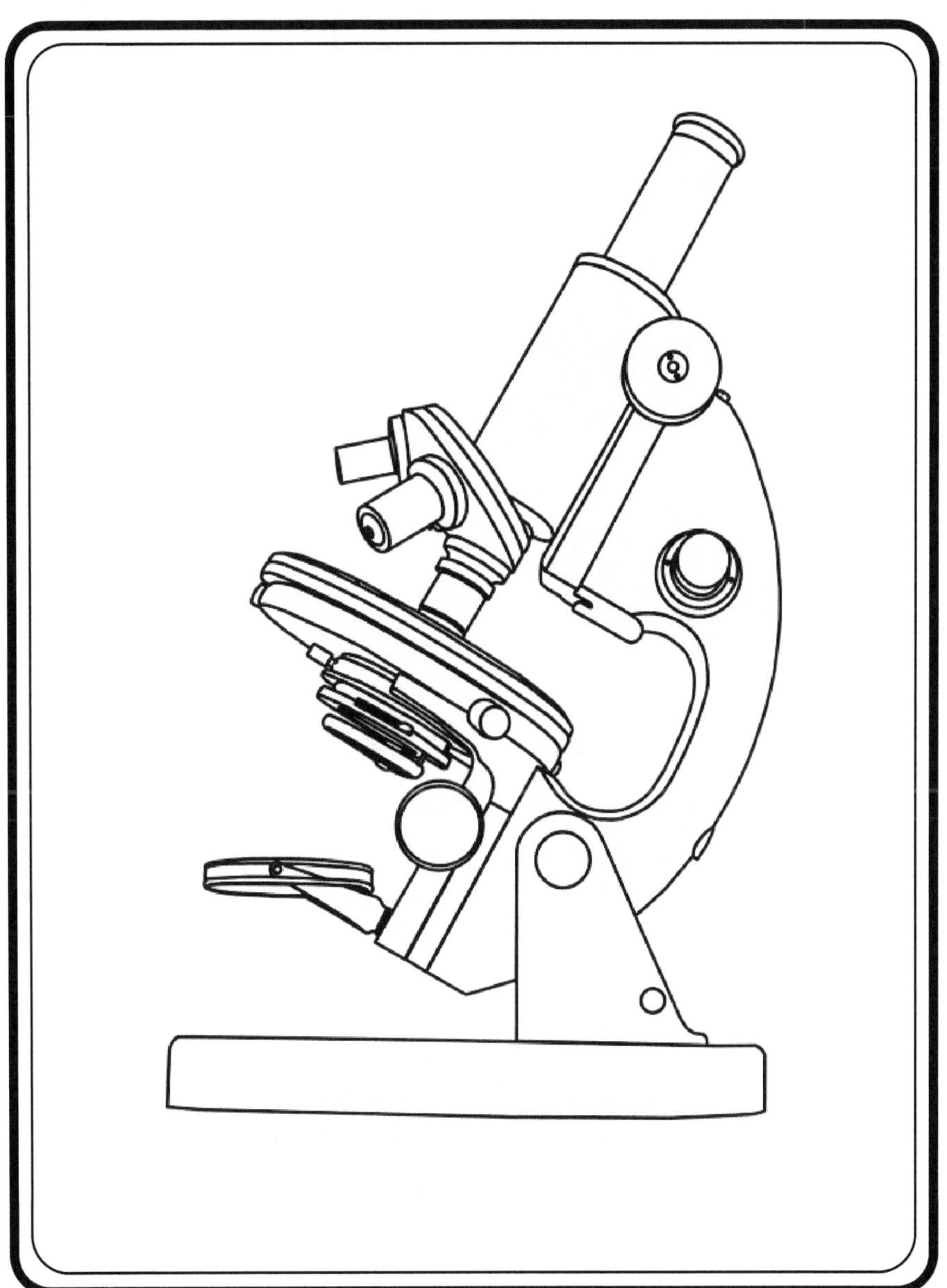

(I leave a page blank because sometimes when I colour I press a little too hard)

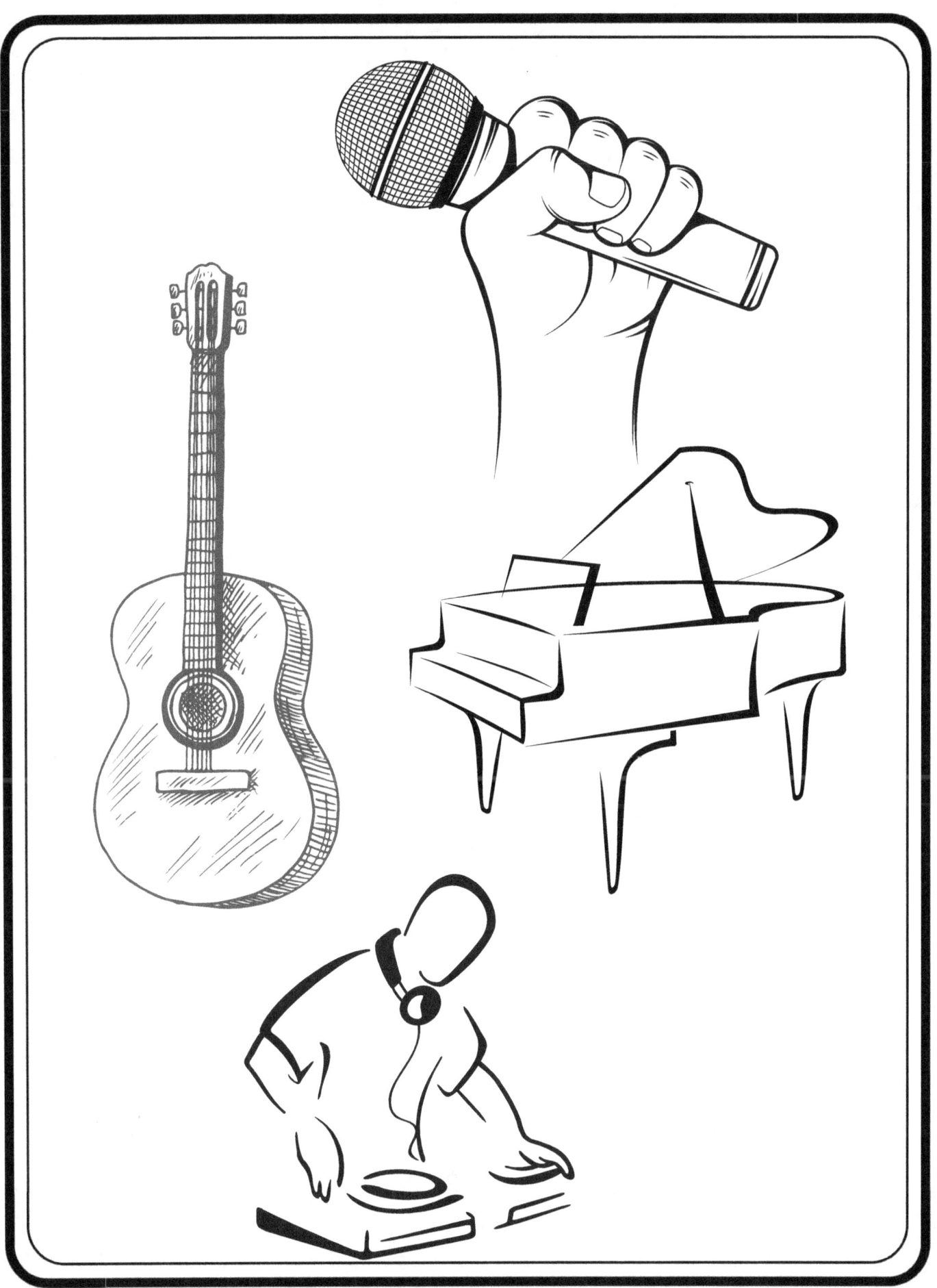

(I leave a page blank because sometimes when I colour I press a little too hard)

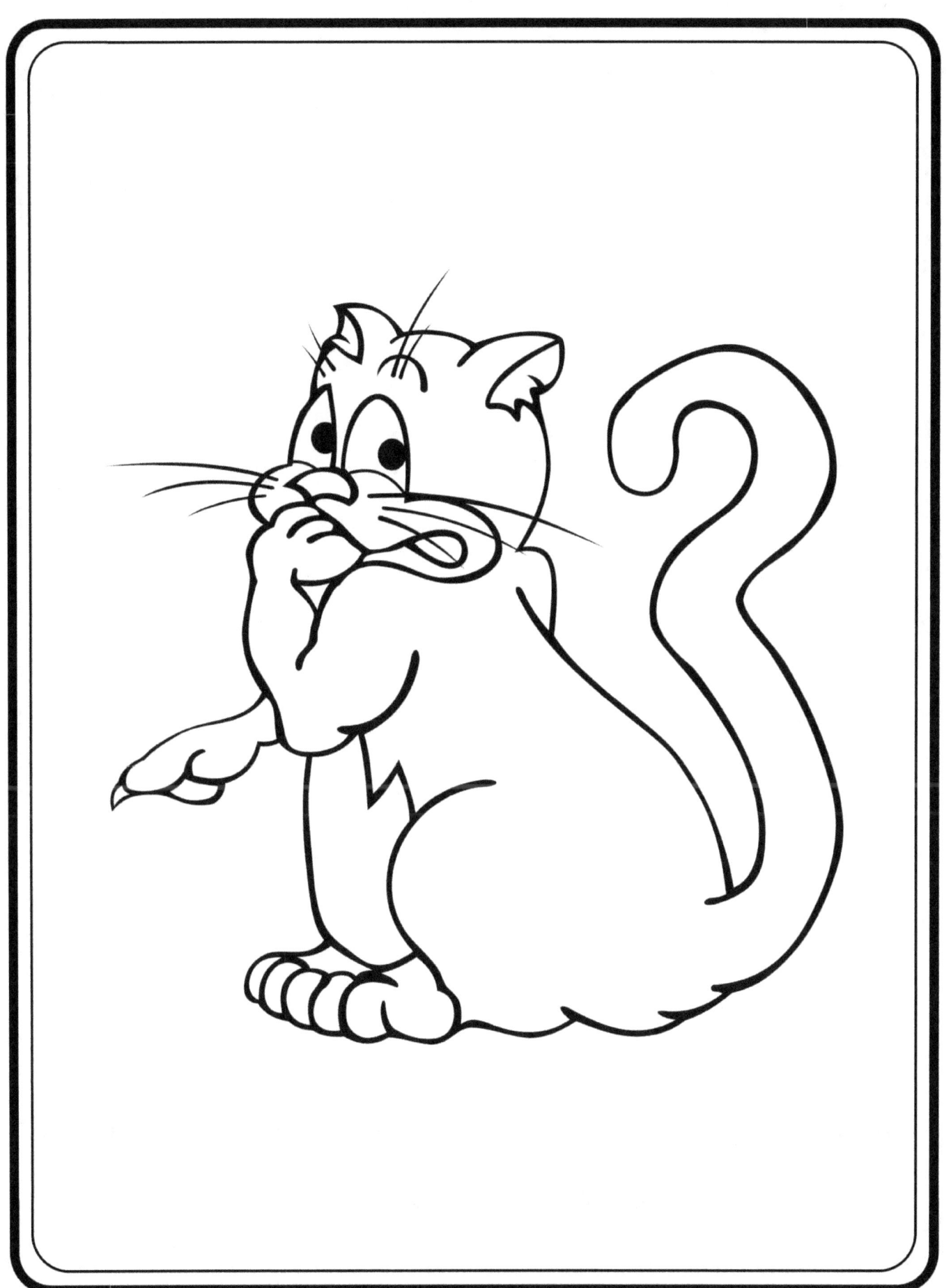

(I leave a page blank because sometimes when I colour I press a little too hard)

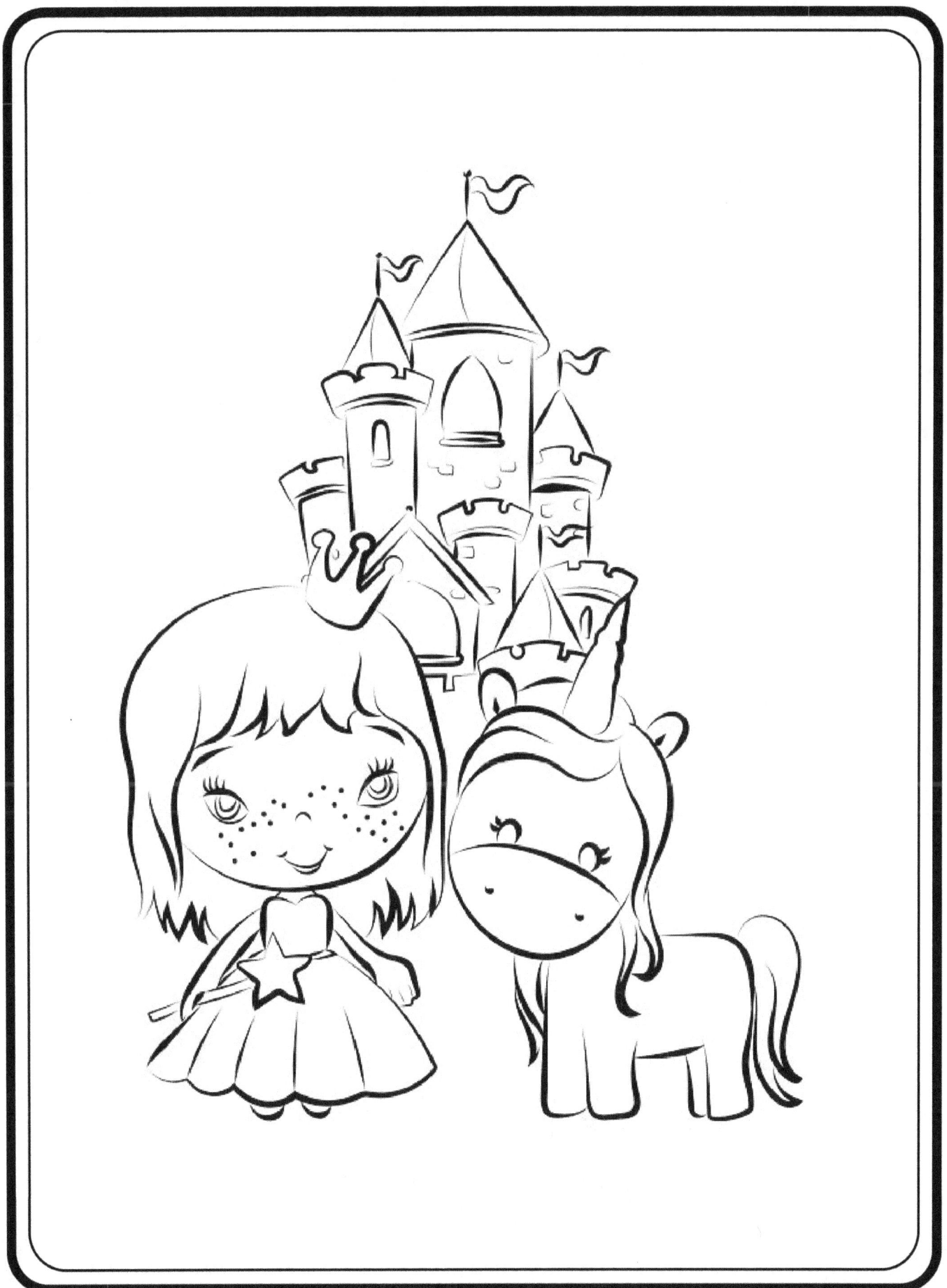

(I leave a page blank because sometimes when I colour I
press a little too hard)

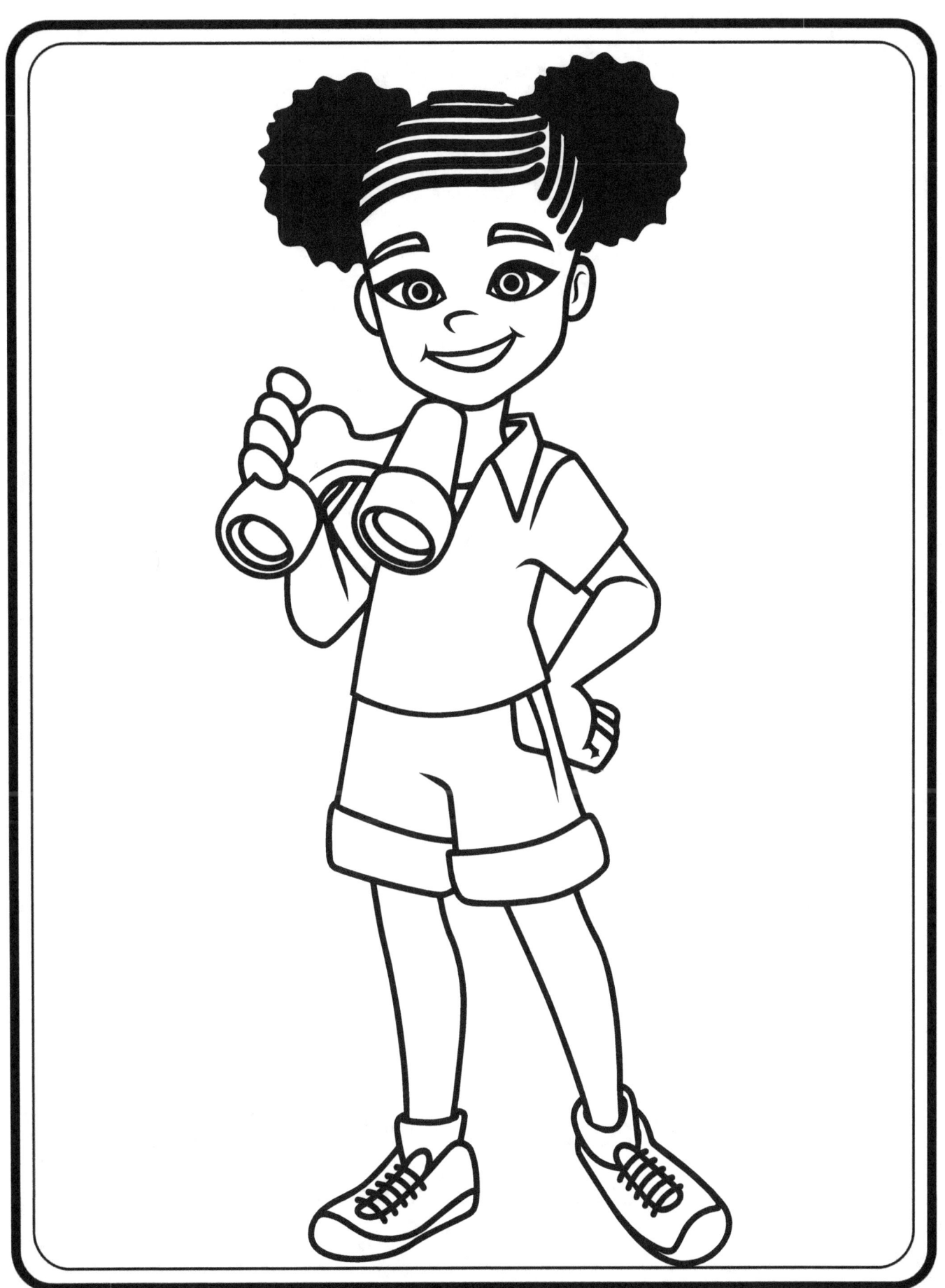

(I leave a page blank because sometimes when I colour I press a little too hard)

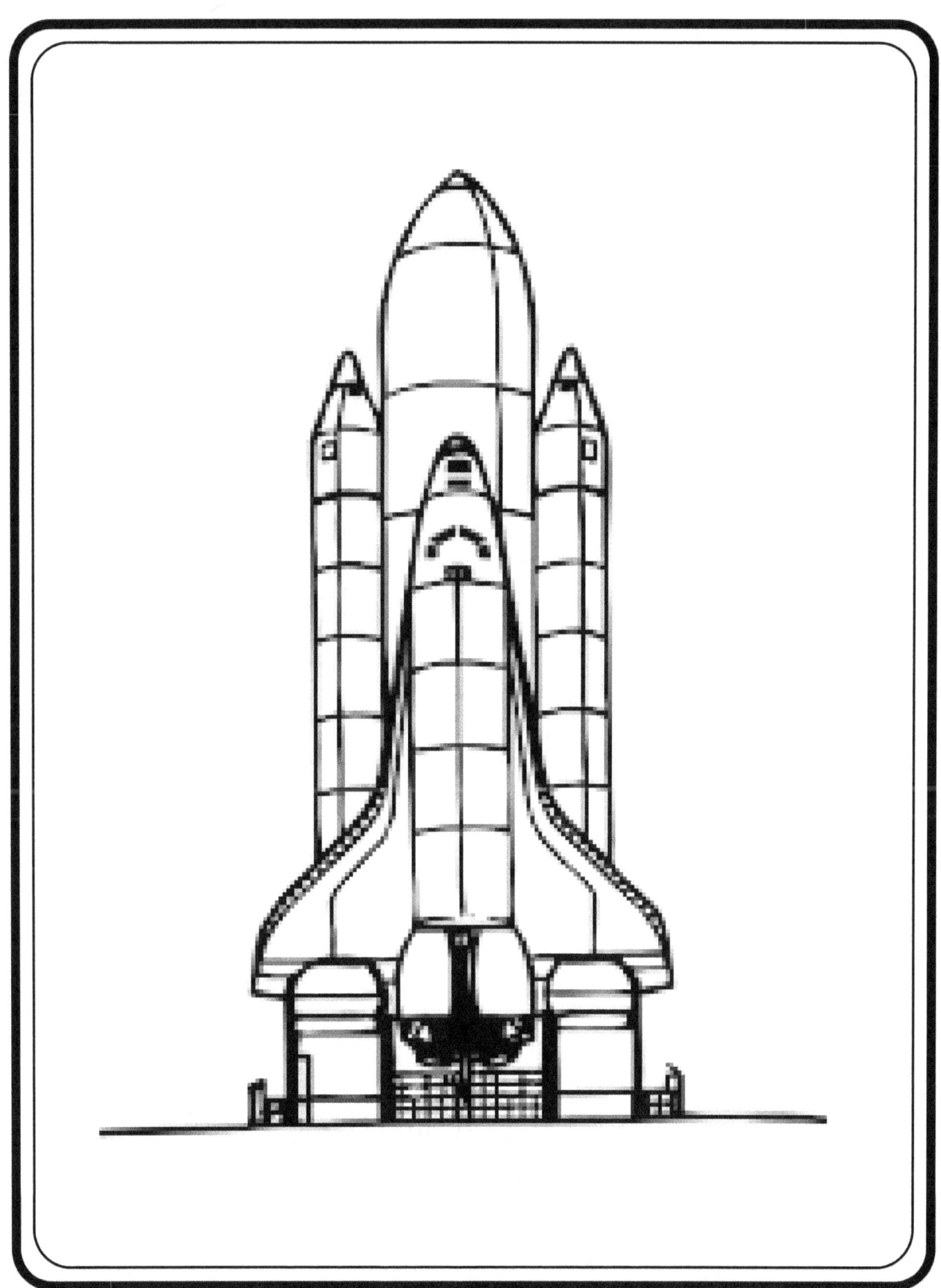

(I leave a page blank because sometimes when I colour I
press a little too hard)

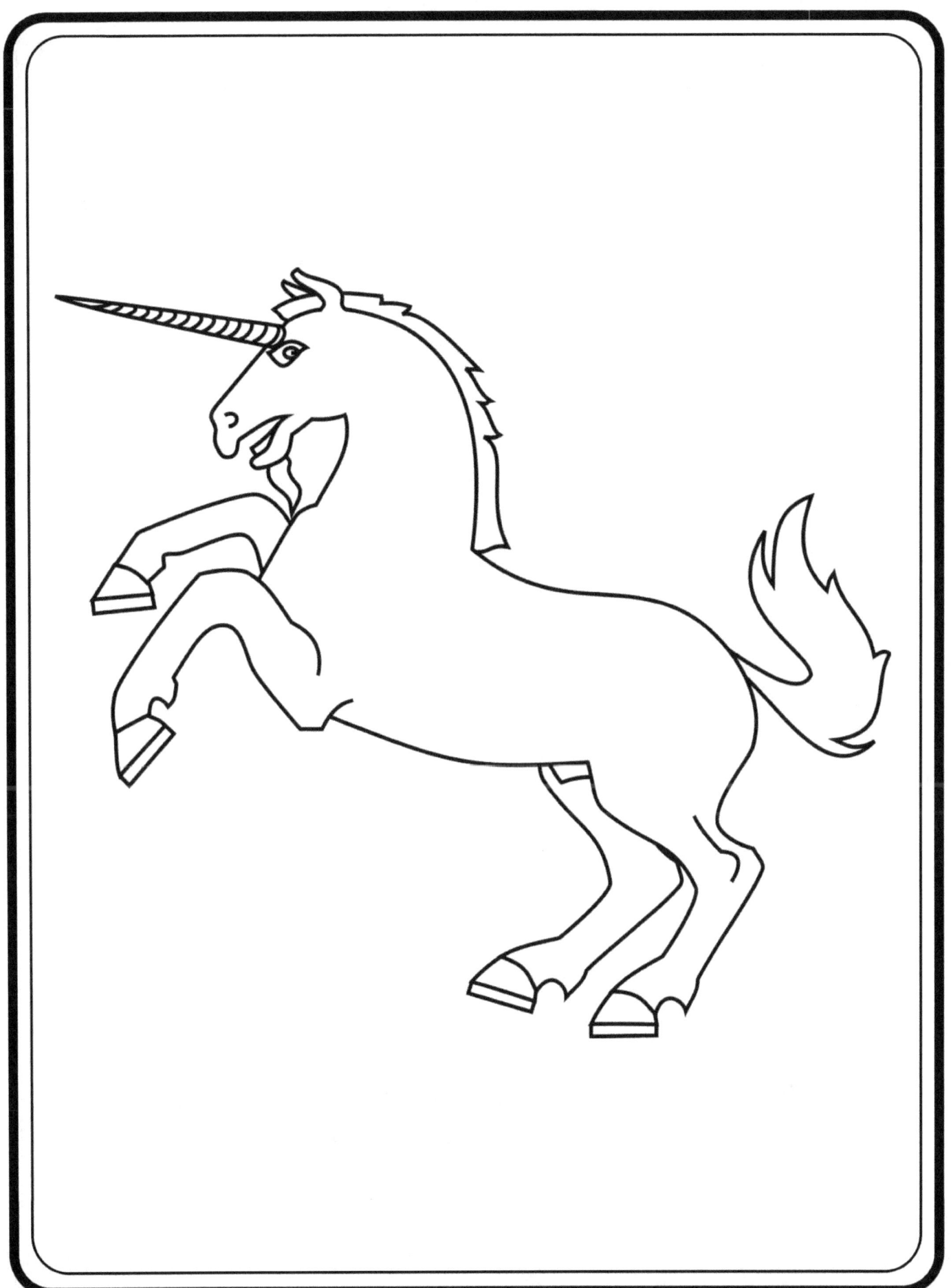

(I leave a page blank because sometimes when I colour I
press a little too hard)

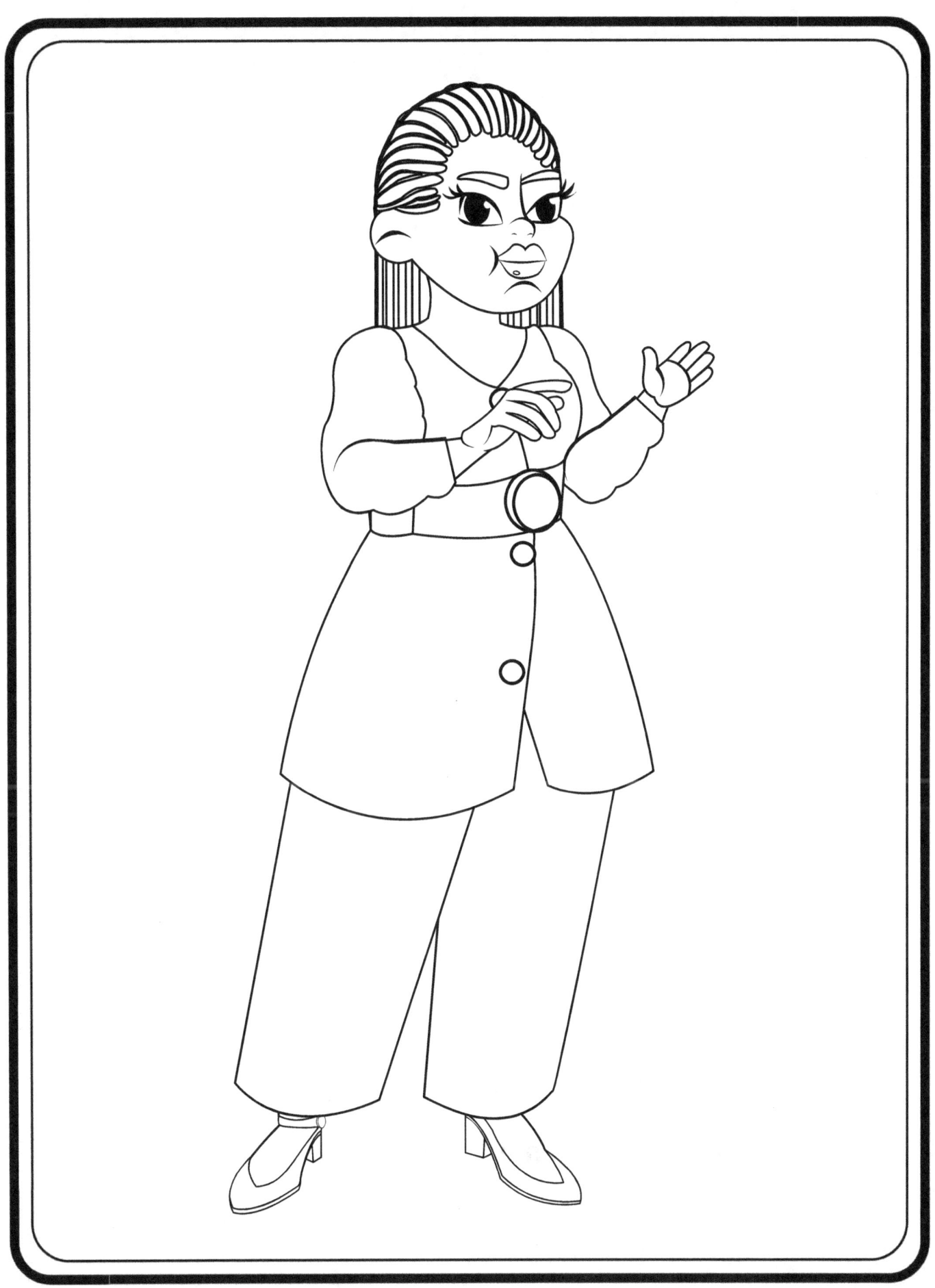

(I leave a page blank because sometimes when I colour I
press a little too hard)

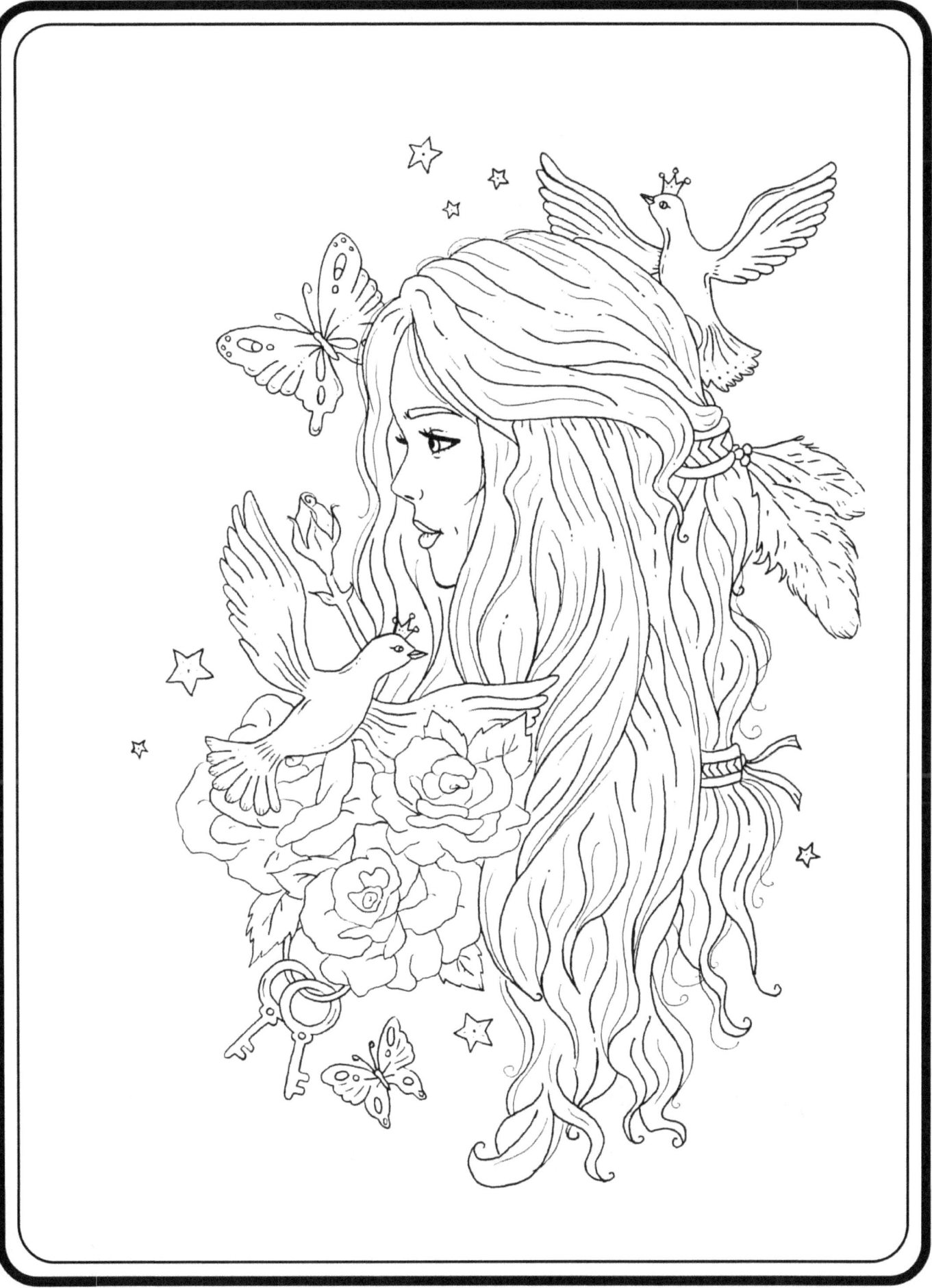

(I leave a page blank because sometimes when I colour I press a little too hard)

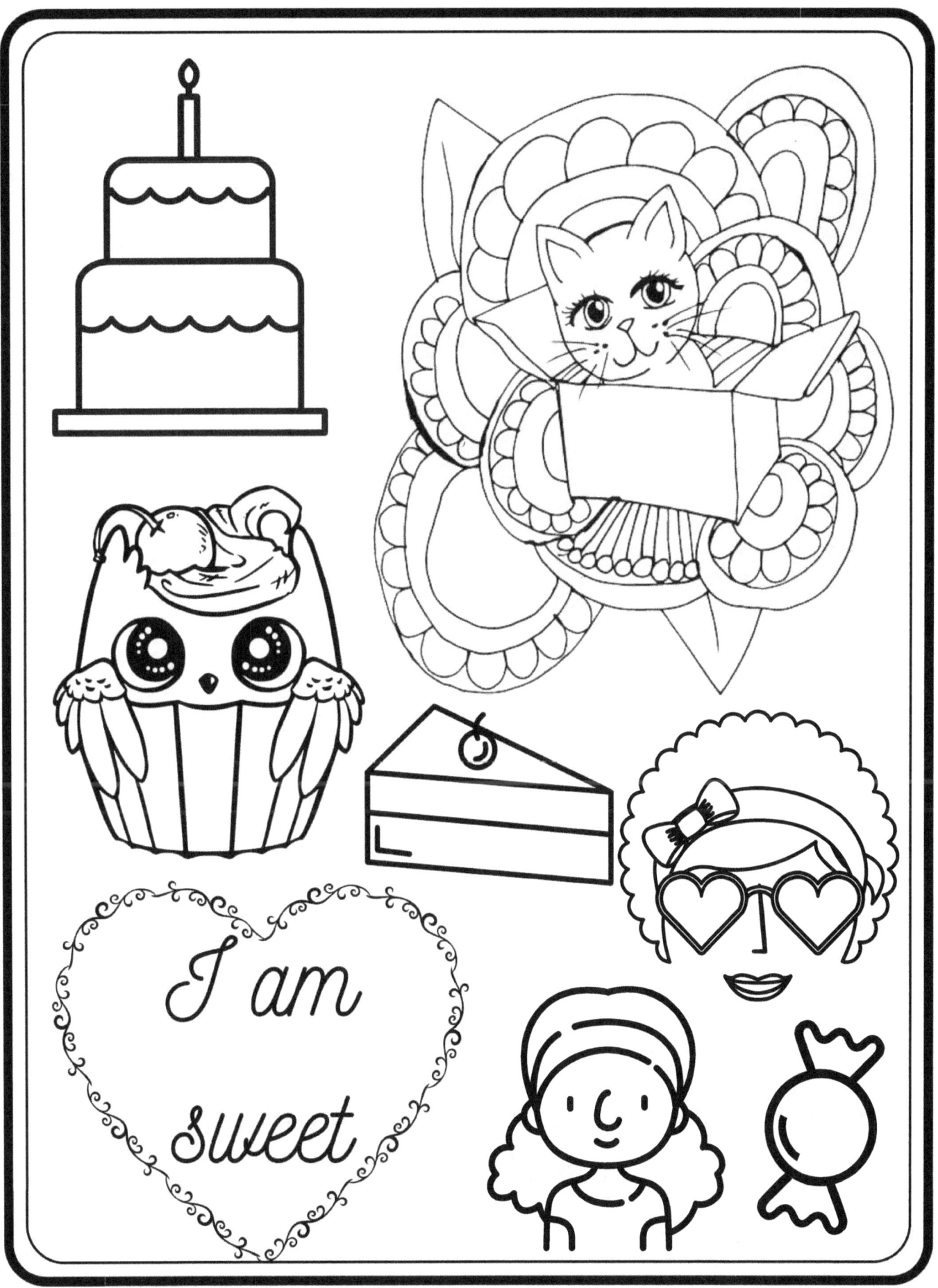

I am sweet

(I leave a page blank because sometimes when I colour I
press a little too hard)

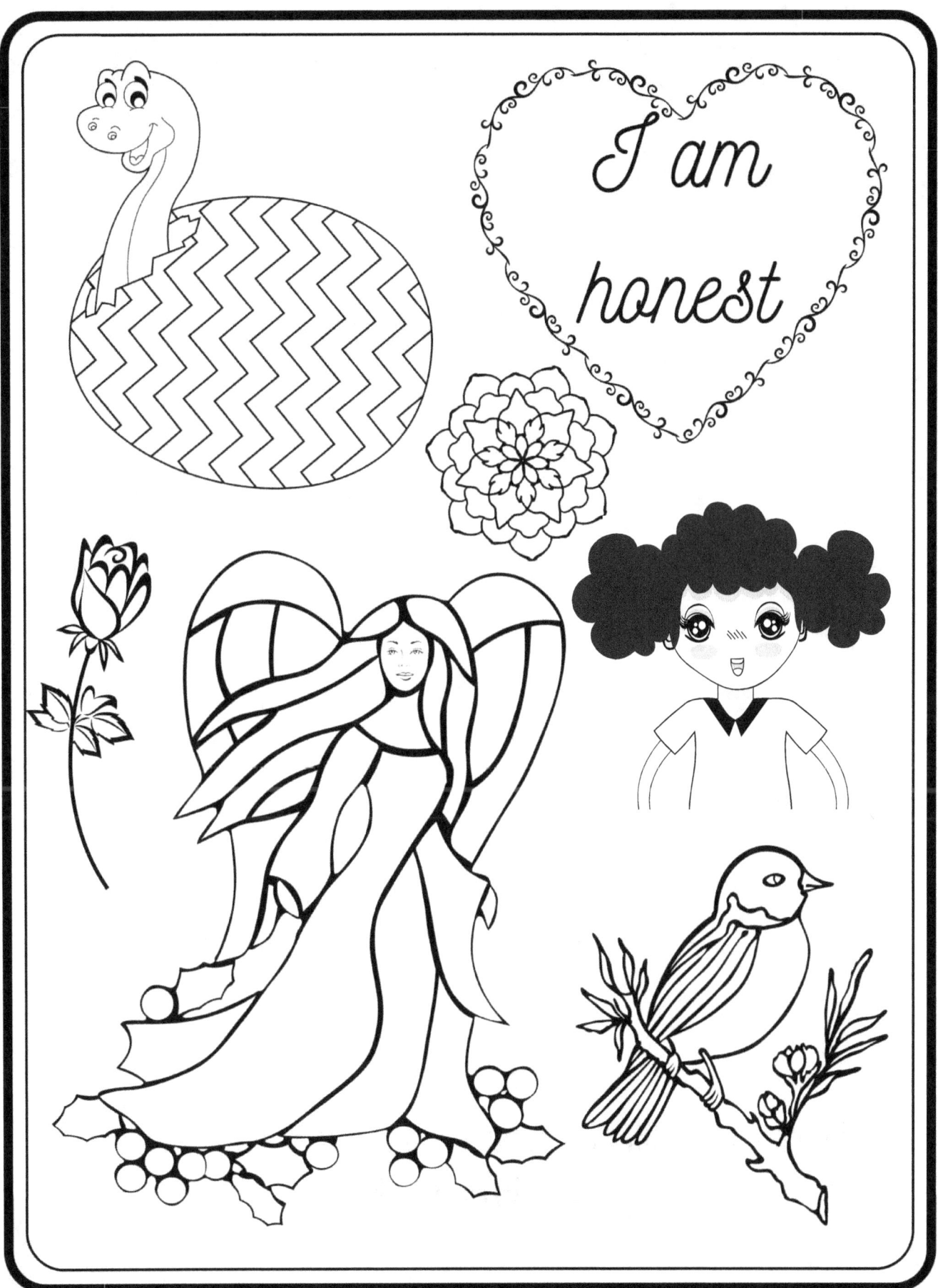

I am honest

(I leave a page blank because sometimes when I colour I
press a little too hard)

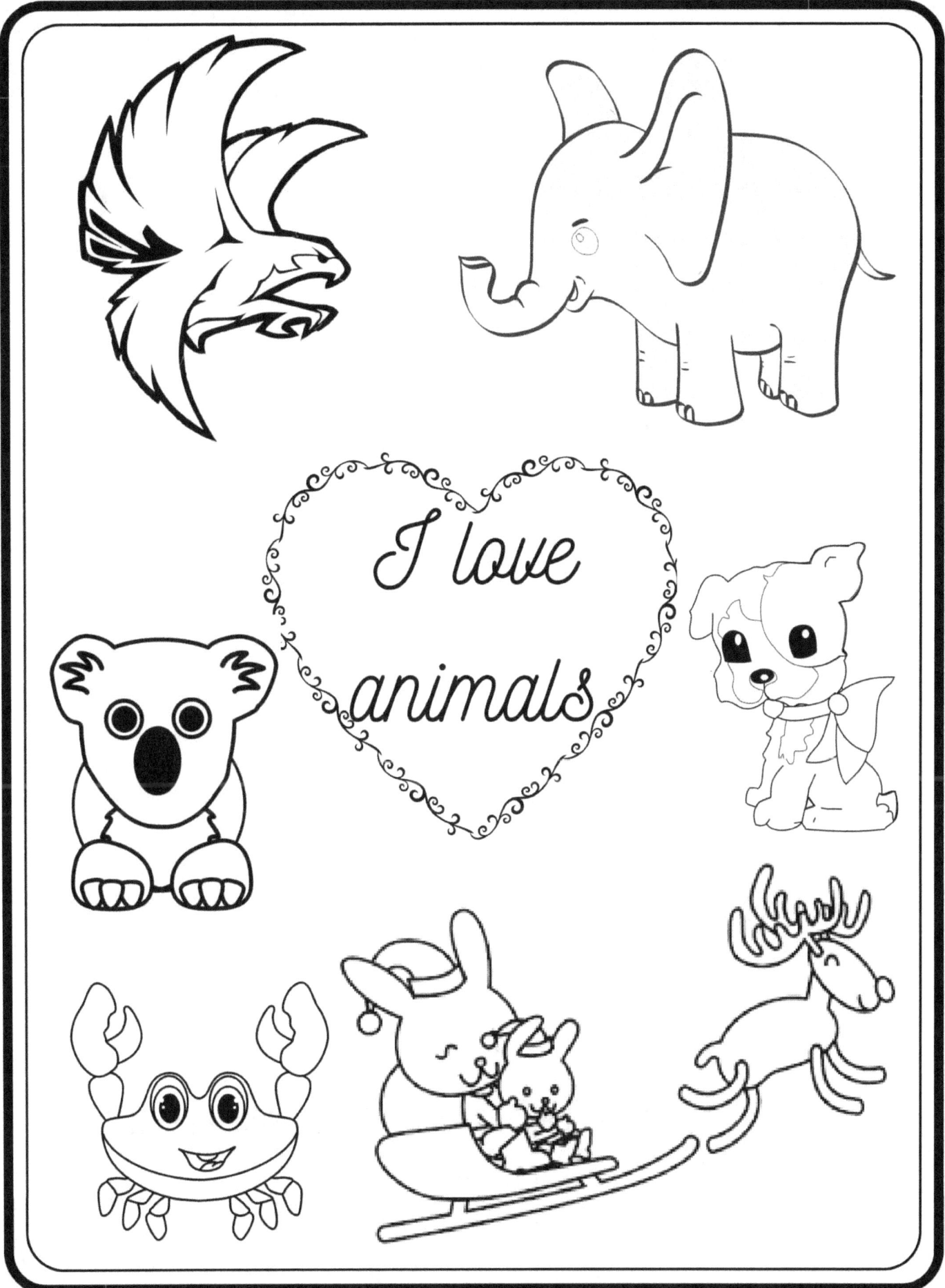

I love animals

(I leave a page blank because sometimes when I colour I press a little too hard)

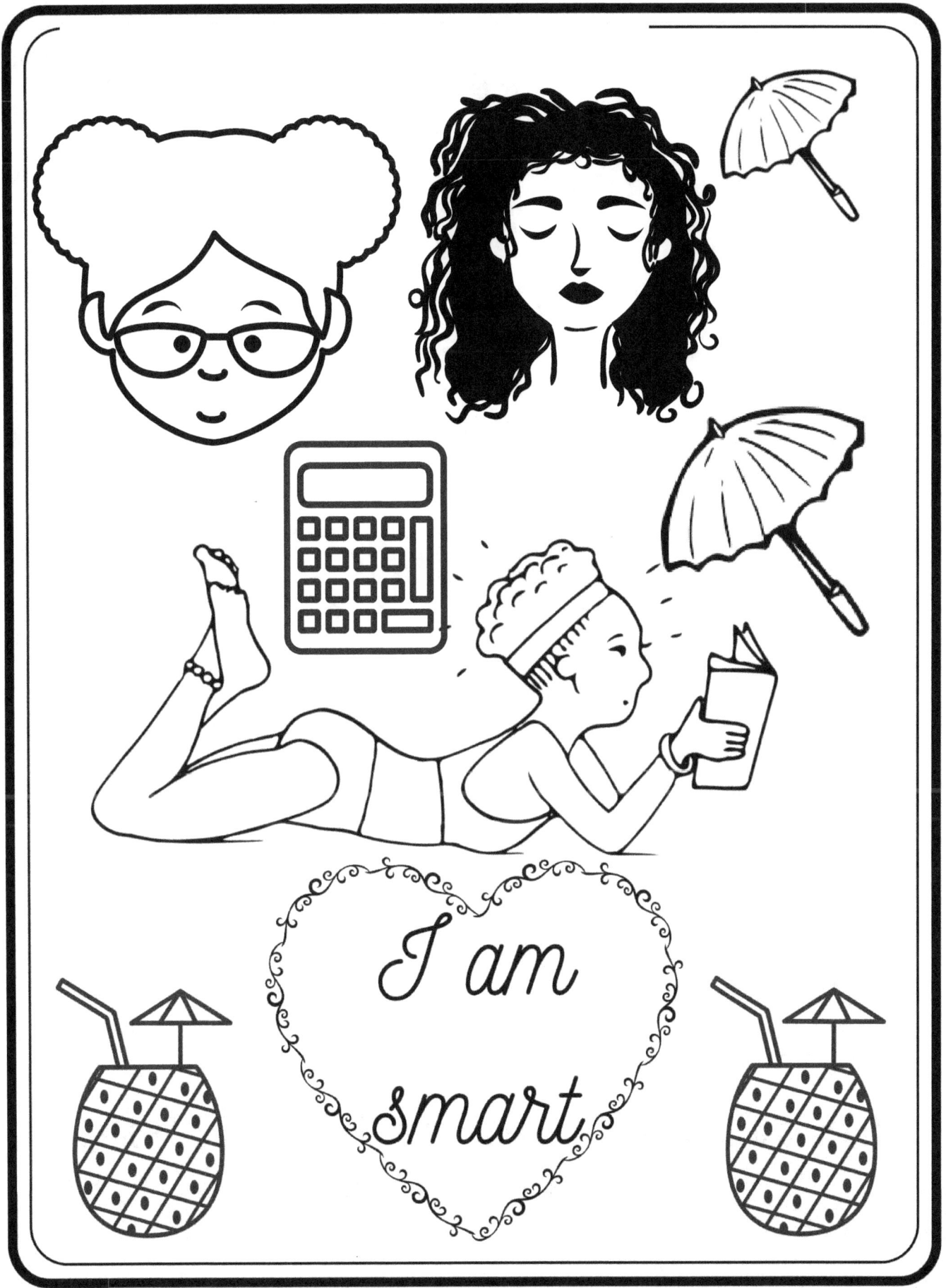

I am smart

(I leave a page blank because sometimes when I colour I press a little too hard)

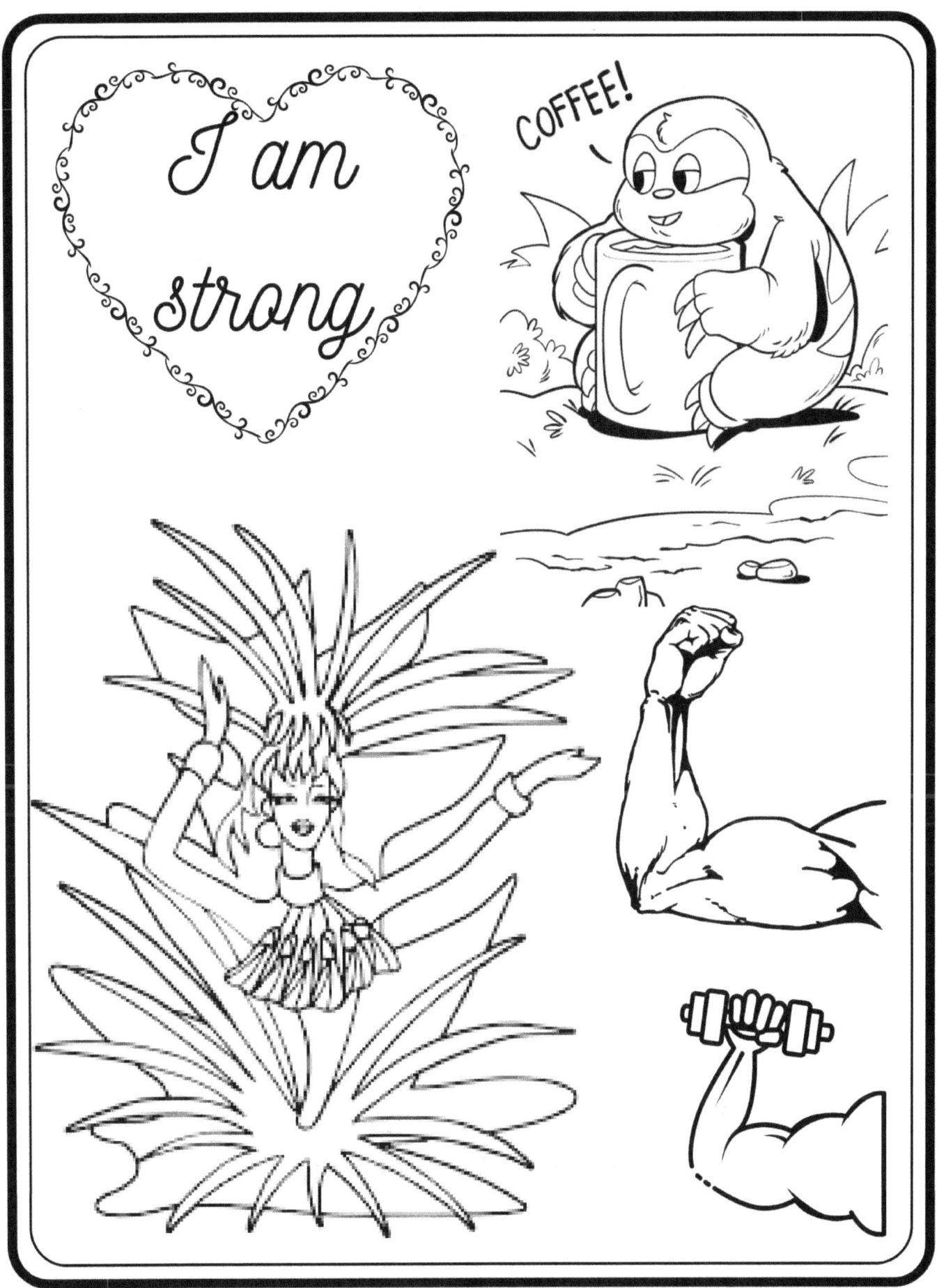

(I leave a page blank because sometimes when I colour I press a little too hard)

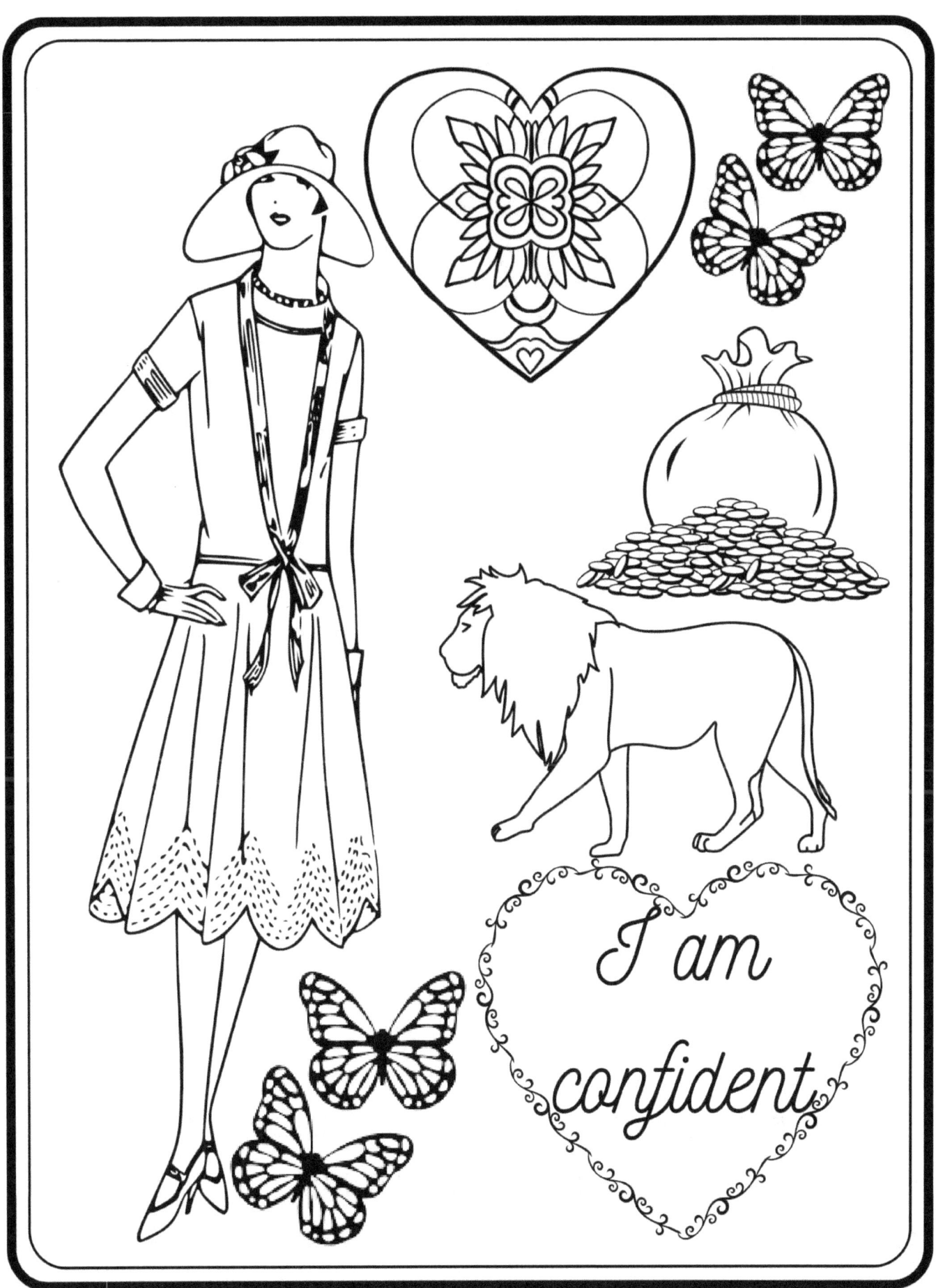

I am confident

(I leave a page blank because sometimes when I colour I
press a little too hard)

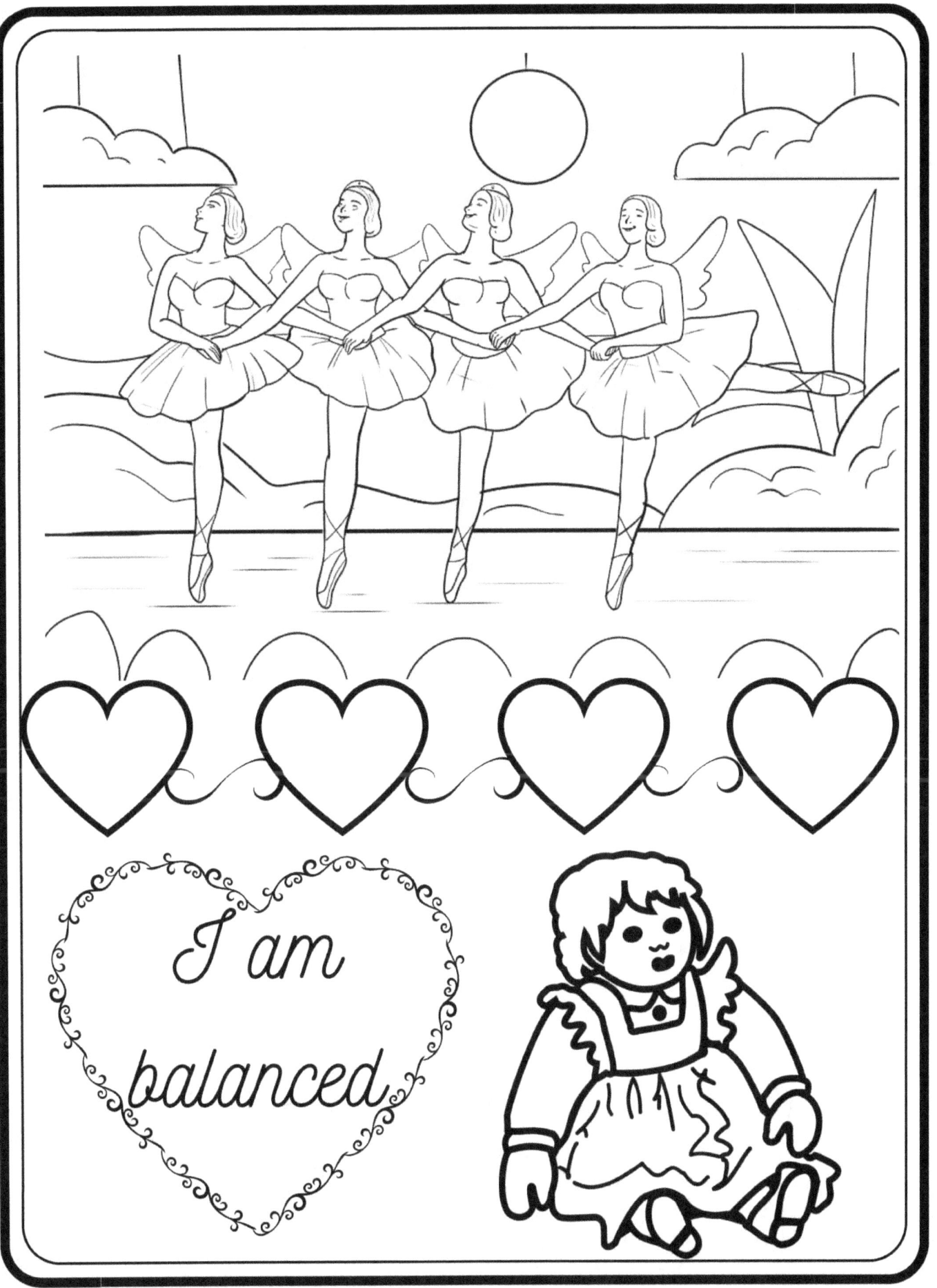

I am balanced

(I leave a page blank because sometimes when I colour I
press a little too hard)

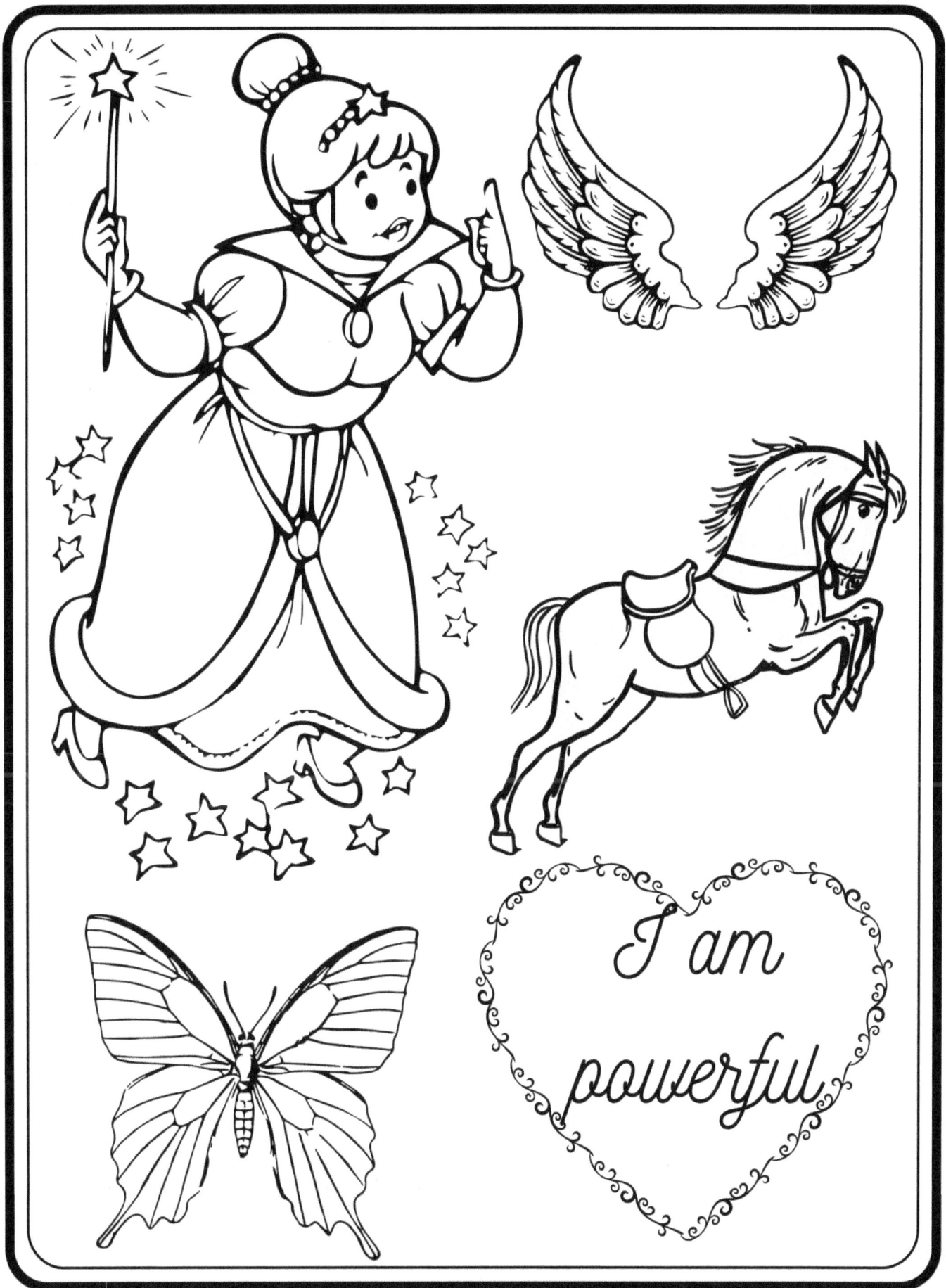

(I leave a page blank because sometimes when I colour I
press a little too hard)

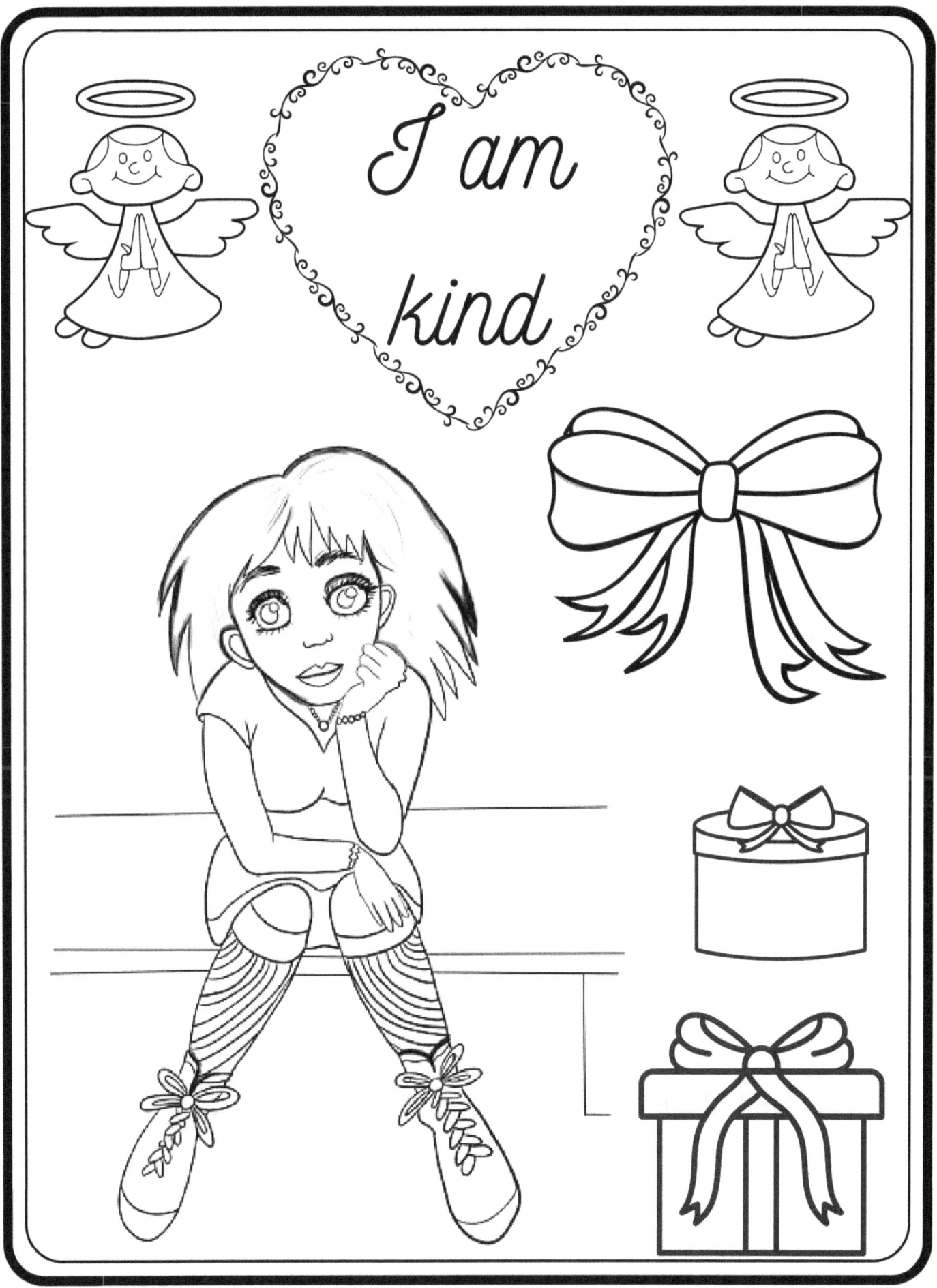

(I leave a page blank because sometimes when I colour I
press a little too hard)

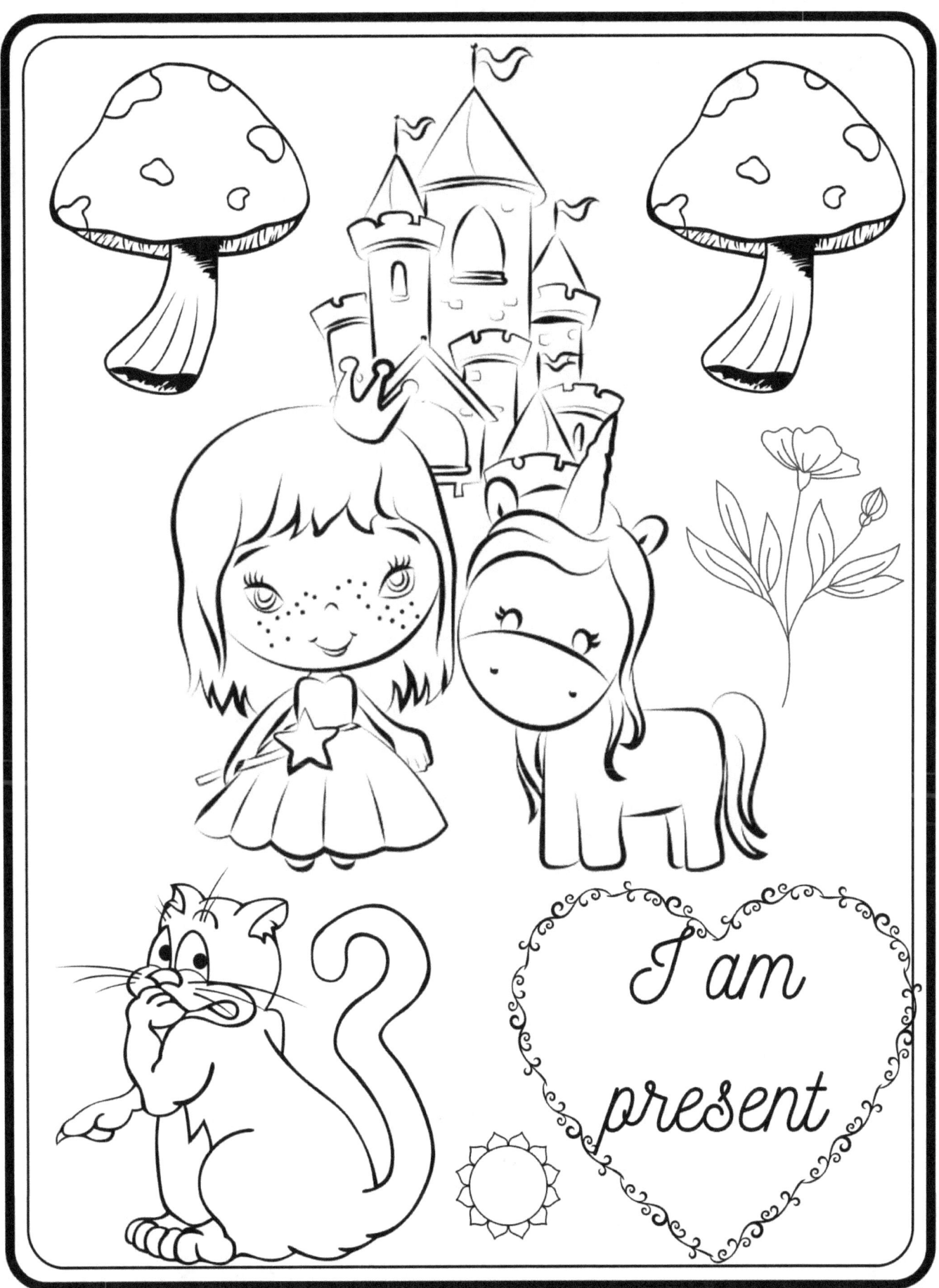

(I leave a page blank because sometimes when I colour I
press a little too hard)

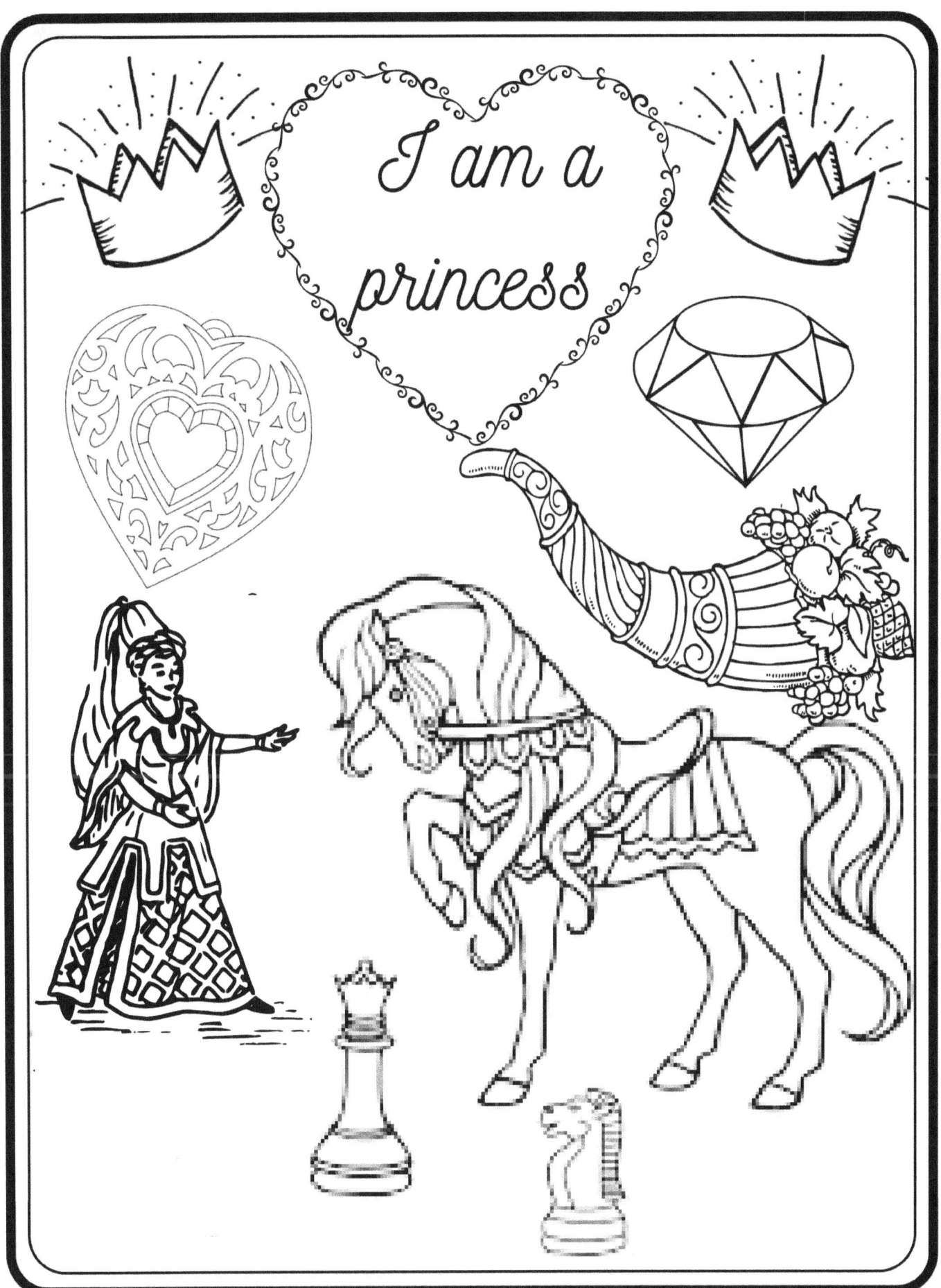

(I leave a page blank because sometimes when I colour I
press a little too hard)

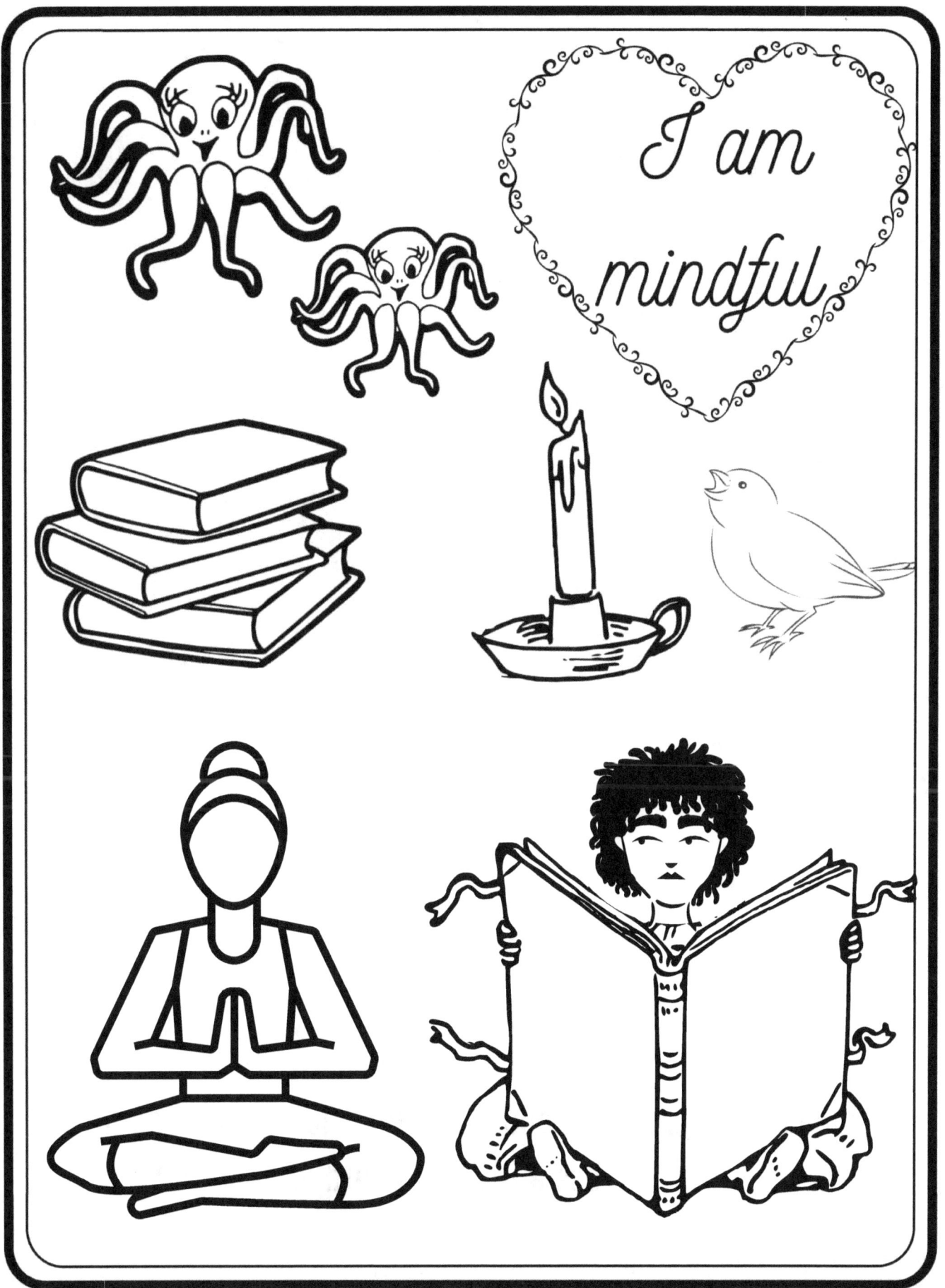

(I leave a page blank because sometimes when I colour I
press a little too hard)

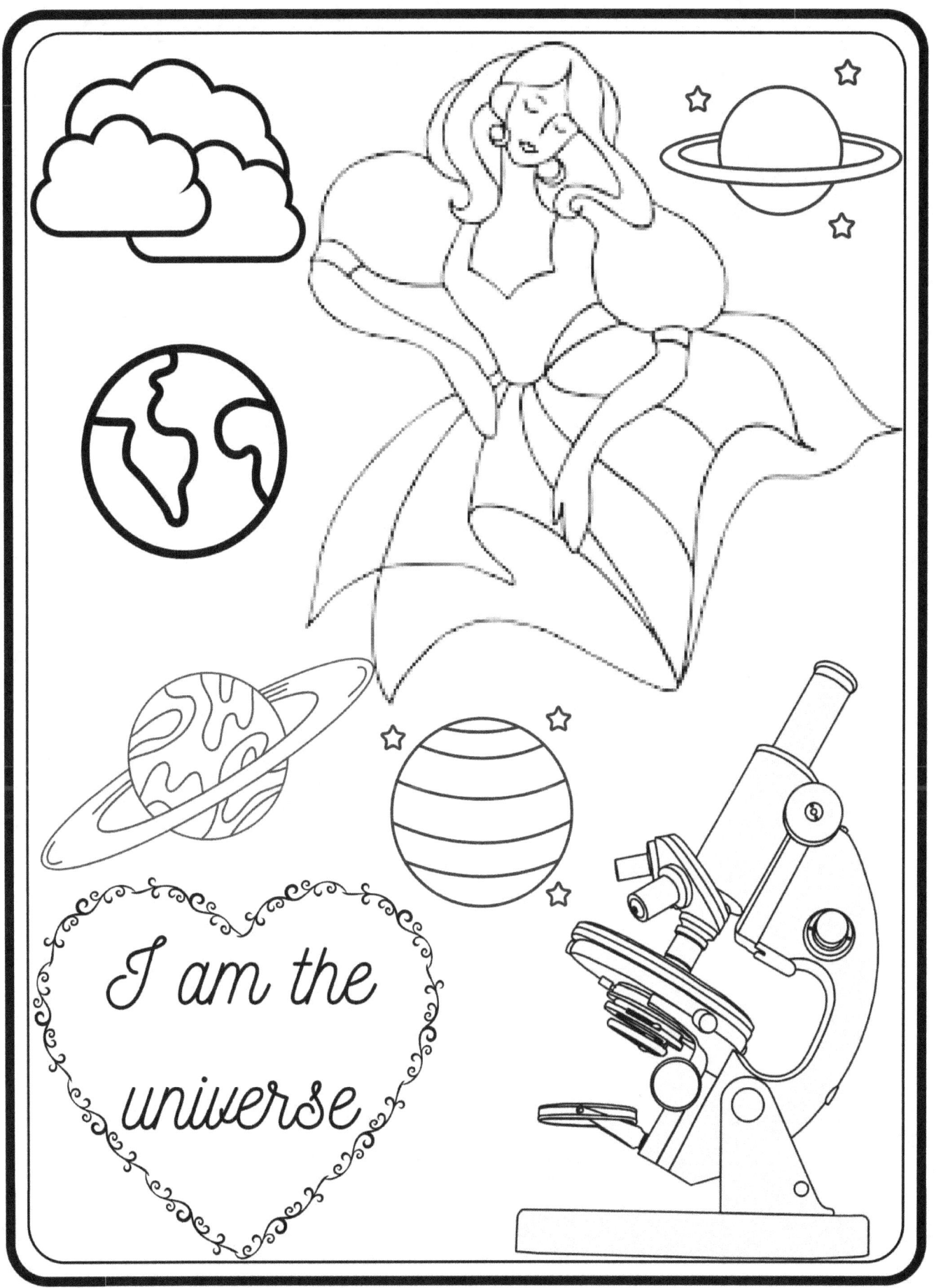

(I leave a page blank because sometimes when I colour I
press a little too hard)